Vendre
GAGNANT
GAGNANT

D1366573

Les Éditions Transcontinental inc.
1100, boul. René-Lévesque Ouest
24ᵉ étage
Montréal (Québec) H3B 4X9
Tél.: (514) 392-9000
          1 800 361-5479

Pour connaître nos autres titres, tapez **www.livres.transcontinental.ca.** Vous voulez
bénéficier de nos tarifs spéciaux s'appliquant aux bibliothèques d'entreprise ou aux achats
en gros? Informez-vous au **1 866 800-2500.**

Distribution au Canada
Les messageries ADP
1261A, rue Shearer, Montréal (Québec) H3K 3G4
Tél.: (514) 939-0180 ou 1 800 771-3022
adpcommercial@sogides.com

Données de catalogage avant publication (Canada)
DiCaprio, Anthony
Vendre gagnant-gagnant
(Collection Wilson Learning)
Traduction de: *Win-Win Selling.*
ISBN 2-89472-260-5

1. Vente. 2. Vendeurs - Attitudes. 3. Service à la clientèle. I. Titre. II. Collection.

HF5438.25.D5214 2004   658.85   C2004-941279-5

Traduction: Jacinthe Lesage, trad. a.
Révision: Pierre-Yves Thiran
Correction: Lyne M. Roy
Photo d'Anthony DiCaprio en couverture arrière: © Véro Boncompagni, 2004
Mise en pages et conception graphique de la couverture: Studio Andrée Robillard

Version française publiée au Canada © Les Éditions Transcontinental, 2004
Dépôt légal — 3ᵉ trimestre 2004
Bibliothèque nationale du Québec
Bibliothèque nationale du Canada
Imprimé au Canada

ISBN 2-89472-260-5

Nous reconnaissons, pour nos activités d'édition, l'aide financière du gouvernement du
Canada, par l'entremise du Programme d'aide au développement de l'industrie de l'édition
(PADIÉ), ainsi que celle du gouvernement du Québec (SODEC), par l'entremise du programme
Aide à la promotion.

COLLECTION  WILSON LEARNING

Avec la collaboration
d'Anthony DiCaprio

Vendre
GAGNANT
GAGNANT

Traduit de l'américain
par Jacinthe Lesage, trad. a.

Les Éditions
Transcontinental

Table des matières

Préface

La publication de *Vendre gagnant-gagnant* est pour moi une immense satisfaction, puisqu'elle permet de faire connaître les avantages de la vente-conseil à un grand nombre de lecteurs. Elle me ramène aussi à mes débuts, dans les années 50. À cette époque, j'enseignais dans une école secondaire. Je gagnais 200 $ par mois mais en dépensais 210 $. Voyant cela, mon oncle m'a proposé de travailler dans les assurances en me promettant un salaire mensuel de 400 $. L'occasion était belle, et je croyais alors que je n'aurais plus jamais de problèmes financiers.

Les choses n'ont pas été faciles au début. Certaines personnes ne voulaient pas parler à l'agent d'assurances que j'étais devenu. J'ai donc entrepris la lecture de *Man's Search for Meaning*, de Victor Frankl. Ce livre m'a beaucoup aidé. Son message, au sujet de la liberté à laquelle mène l'adversité, m'a apporté l'encouragement dont j'avais besoin.

Au cours des sept années où j'ai travaillé dans les assurances, j'ai occupé le sommet du tableau des meilleurs vendeurs, ce qui m'a valu de devenir le plus jeune membre à vie de la Million Dollar Roundtable. Rapidement, je me suis mis à recevoir des invitations à des conférences pour partager mes secrets. Je les ai acceptées, même si je ne pouvais pas vraiment dire quels étaient ces secrets. J'ai donc emprunté ceux d'autres personnes en les présentant comme mes idées.

C'est alors qu'est survenu un événement inattendu. Une entreprise à qui je venais de donner une allocution sur les secrets-du-succès-de-quelqu'un-d'autre m'a demandé de bâtir un programme de formation à l'intention de ses employés. Malgré ma première pensée — « Je n'ai pas la moindre idée de la façon de m'y prendre ! » — j'ai accepté.

En réfléchissant, j'ai constaté que, jusque dans les années 60, la vente était considérée comme une confrontation : le vendeur de-vait battre l'acheteur dans un scénario gagnant-perdant. Il existait

110 façons de conclure une vente, 88 façons de répondre à une objection, etc. Mais *mon* succès ne dépendait pas de ce genre d'approche. Je me suis donc mis à chercher en quoi il consistait.

Je suis alors tombé sur un livre de psychologie, dont je n'ai lu qu'une partie, celle rédigée par le chef du Département de psychologie de l'Université Brandice, Abraham Maslow, qui y définissait la pyramide des besoins. Ce spécialiste était considéré comme un pionnier de la psychologie humaniste, mais je n'avais jamais entendu parler de lui.

Je me suis organisé pour le rencontrer, car je savais que ses idées avaient un rapport avec ma façon de voir la vente. Ce fut un moment déterminant. Maslow m'a parlé de Carl Rogers, un thérapeute bien connu qui avait écrit *On Becoming a Person* et *Client-Centered Therapy*. La lecture de ces livres et mes réflexions sur les conceptions humanistes de Maslow ont fini par former le terreau où allait germer, puis éclore, le concept de la vente-conseil.

Le docteur Rogers m'a aidé à comprendre les fondements de la vente-conseil, qui est en fait une philosophie, une discipline et un ensemble de compétences. Celles-ci aident le client à résoudre ses problèmes, à découvrir de nouvelles solutions et à en récolter les fruits. Pour le vendeur, cette méthode a l'avantage de permettre une relation gagnant-gagnant avec un client fidèle.

Aider les gens à obtenir ce qu'ils veulent et à se sentir bien : voilà ce que je ne réussissais pas à exprimer. Tout cela se résume en une phrase : « Plus j'aide les autres à obtenir ce qu'ils veulent, plus il m'est facile d'obtenir ce que je veux. » Cette approche m'a ainsi aidé à découvrir mon moi véritable et à m'améliorer.

Plusieurs millions de personnes ont étudié le programme de vente-conseil de Wilson Learning depuis 1965. Celles qui en ont compris le message ont découvert l'impact que pouvait avoir cette approche non seulement dans leur vie professionnelle mais aussi, ce qui est plus important, dans tous les aspects de leur vie. En apprenant à conseiller leurs clients, elles ont appris à conseiller les gens qui comptent le plus pour elles : les membres de leur famille, leurs amis et elles-mêmes.

J'ai fondé Wilson Learning dans le but d'aider les gens à dévelop-per leurs capacités. J'espère qu'à mesure que vous avancerez dans la lecture de ce livre vous pourrez établir des liens entre le but que vous vous êtes fixé dans la vie et les compétences qui y sont présentées. Développez *vos* capacités tout en aidant vos clients à développer les *leurs*. Vous profiterez ainsi des bienfaits d'une relation gagnant-gagnant.

Je vous souhaite la meilleure des chances.

Larry Wilson
*Fondateur de la
Collection Wilson Learning*

Avant-propos

Il y a quelques années, alors que j'animais un séminaire sur la vente, j'ai rencontré un certain Louis dans un grand hôtel de Toronto. La première journée d'une formation étant la plus chargée, je suis allé me reposer et me distraire au bar. Tandis que je sirotais mon verre, Louis s'est approché : « On dirait que vous avez eu une rude journée, non ? » Et moi de répondre : « Oui, plutôt ! La première journée d'enseignement est toujours la plus difficile. » Pour sa part, Louis avait participé, ce jour-là, à un atelier de vente qui se donnait dans la salle de conférence voisine de la mienne.

« Dans quel domaine travaillez-vous ? lui ai-je demandé.

— Je suis représentant d'assurance-vie et je travaille à mon compte. Voici ma carte. »

Oh non, pensai-je, de tous les gens que j'aurais pu rencontrer, il faut que je tombe sur un vendeur d'assurance-vie !

« Mais ne craignez rien, s'empressa-t-il d'ajouter, vous n'aurez pas à subir mon baratin. Je suis ici pour apprendre de nouvelles choses et trouver de nouvelles idées.

— Vous me rassurez. Mon père m'a déjà dit qu'il n'y avait rien de pire que de se retrouver dans un ascenseur en panne en compagnie d'un agent d'assurances. Il vous fera immanquablement remarquer qu'on ne peut jamais prévoir les imprévus…

— Celle-là, je ne l'avais jamais entendue, déclara Louis en riant. Rappelez-moi de ne pas prendre le même ascenseur que vous en remontant !

Louis était d'un commerce agréable. Il était sobre, sincère et empathique. Il ne donnait pas l'impression d'être un représentant à succès, mais il avait une très bonne façon de communiquer avec les gens.

Il appartenait à cette catégorie d'individus avec qui on peut aussi bien parler de politique que de la civilisation aztèque.

Au fil de la conversation, je me suis mis à trouver mon interlocuteur de plus en plus intéressant et j'ai appris, à ma grande surprise, qu'il avait vendu en moyenne pour plus de 35 millions de dollars par année d'assurances au cours des trois dernières années !

« Cela me rapporte environ 2 millions par an, avait-il souligné, et l'année prochaine, j'aimerais atteindre le cap des 40 millions de dollars de vente.

— Quarante millions ! Je n'aurais jamais cru qu'une seule personne pouvait vendre autant d'assurance-vie. Mais alors, si vous vendez autant, pourquoi participez-vous à un séminaire sur la vente ?

— Vous savez, répondit Louis entre deux gorgées de bière, je fais ça depuis 10 ans ; je m'offre un séminaire de trois à cinq jours. Comme ça, je peux m'arrêter, m'asseoir et réfléchir à ce que je fais de bien et à ce que je pourrais améliorer. Chaque fois, j'en tire au moins une idée, une petite perle pour ainsi dire, que je mets en pratique en rentrant au travail. C'est l'interaction que je recherche, le partage des expériences, la possibilité « d'étiqueter » ou de nommer les choses que je fais. Ensuite, je m'arrange pour que ces découvertes me soient profitables. Voilà pourquoi je suis ici. »

J'étais agréablement surpris. Je comprenais aussi pourquoi Louis réussissait si bien. Il prenait le temps d'approfondir ses connaissances et ses méthodes de travail.

« Eh bien, Louis, je dois dire que j'ai rarement été aussi impressionné par une philosophie de vente, venant d'un vendeur. Moi aussi j'ai appris quelque chose aujourd'hui.

— Je dois cependant dire, rétorqua-t-il en riant, que je suis heureux que tous ne pensent pas de cette façon. La concurrence serait alors féroce. J'aurais bien du mal à atteindre mes 40 millions !

— À qui le dites-vous ! »

Nous avons ainsi bavardé pendant une bonne heure, discutant des techniques de vente et de la relation de confiance, de compréhension et de complicité qu'il faut bâtir avec les clients.

« Mais il est temps que je me retire. J'ai encore trois jours de formation devant moi, de dire Louis.

— Et moi encore deux jours d'enseignement. Je dois monter également. »

Comme nous finissions nos verres, j'ai demandé à mon interlocuteur s'il voyait une objection à ce que je me serve de son histoire dans mes séminaires de vente.

« Pas du tout, répondit-il, je n'ai rien contre la publicité ; et puis, si c'est utile, pourquoi pas ?

— Merci. Je suis certain que cela en fera réfléchir plus d'un sur ses buts et ses objectifs d'apprentissage.

— J'espère seulement qu'ils ne feront pas tous la même chose. Ce ne sont pas les représentants en assurances qui manquent de nos jours ! »

En sortant du bar, j'ai salué mon nouveau copain en lui disant que je devais m'arrêter à la réception. Louis ne put s'empêcher de rire.

« Qu'est-ce qui vous fait rire ? lui demandai-je.

— C'est une bonne excuse pour ne pas prendre l'ascenseur avec moi ! »

Cette histoire a eu lieu il y a plus de 15 ans, mais demeure pertinente pour moi. Nous avons toujours quelque chose à apprendre, peu importe notre expérience.

J'espère que vous profiterez des idées et des expériences que contient cet ouvrage et que celui-ci vous ouvrira la voie de la réussite.

Anthony DiCaprio
Mai 2004

L'attitude du vendeur-conseil

La dernière étape est celle de la satisfaction. Elle permet au client de constater que la vente répond à ses besoins et l'assure que la solution retenue lui donnera entière satisfaction. Elle renforce le rôle de conseiller que joue le vendeur dans la mise en œuvre de la solution et identifie les problèmes qui seront ultérieurement à résoudre. Elle assure ainsi au vendeur un avantage à long terme.

La première étape, au cours de laquelle s'établit un climat de confiance, permet de nouer des rapports ouverts avec les clients et d'asseoir la crédibilité du vendeur. La résolution de problèmes en dépend. La confiance prouve que les intentions sont bonnes et fait disparaître la méfiance initiale du client touchant les motivations et les compétences du vendeur.

Satisfaction — Absence de satisfaction

Confiance — Absence de confiance

Chercher à résoudre le problème

Argumentation — Absence de solution

Découverte — Absence de besoin

La troisième étape, celle de l'argumentation, établit un lien entre les résultats de l'étape précédente et l'offre présentée. Elle fait du client un partenaire et l'amène à appuyer la solution définie avec l'aide du vendeur. Le client ne peut ainsi croire que l'offre ne lui propose aucune solution.

La deuxième étape, celle de la découverte, amène le client à partager de l'information avec le vendeur. Tous deux tentent de cerner les besoins du client et les problèmes responsables de l'écart empêchant ce dernier d'obtenir ce qu'il désire.

Les quatre étapes de la vente-conseil supposent des aptitudes en résolution de problèmes et en relations humaines. Mais le tout — l'attitude et les compétences du vendeur — demeure plus grand que la somme des parties.

1 Aimer son travail : l'attitude du vendeur-conseil

Imaginez que vous aimez travailler dans la vente et que vous réussissez très bien dans ce domaine. Lorsque vous vous levez le matin, l'idée des plaisirs et des défis que vous réserve la journée vous enthousiasme. Vous savez que votre travail aide les gens et leur permet de se sentir bien. Vous résolvez des problèmes et améliorez les choses. Vous vous sentez important. Vos clients vous accueillent chaleureusement.

Malheureusement, cette description ne vaut pas pour tous les vendeurs. De plus, les livres traitant des techniques de vente s'attardent peu à la possibilité que ceux-ci puissent se sentir bien dans leur peau. Des titres comme *Guerilla Selling* ou *How to Sell Anything to Anyone* (Vente-guérilla ou Comment vendre n'importe quoi à n'importe qui) en donnent une mauvaise image. Comment un vendeur peut-il aimer son travail si son unique objectif est d'arracher une vente à un client ?

Chez Wilson Learning Worldwide, nous rejetons ces méthodes. Nous croyons — et nos recherches le prouvent — que les meilleurs vendeurs éprouvent de la joie et une grande satisfaction en agissant autrement. Ils sont satisfaits lorsqu'ils voient la vente comme un moyen d'aider les gens à obtenir ce dont ils ont besoin. Cette approche change radicalement les rapports. Le vendeur devient un conseiller pour le client. Voilà pourquoi nous avons appelé notre méthode « démarche de vente-conseil ».

Dans ce livre, vous apprendrez à maîtriser cette démarche et à adopter l'attitude du vendeur-conseil. Vous ferez ensuite de bonnes ventes tout en vous sentant bien. Chez Wilson Learning, nous appelons cela la « performance par la satisfaction ».

LA PERFORMANCE PAR LA SATISFACTION

Considérez les travailleurs que vous connaissez — autres vendeurs, collègues, amis — et déterminez où ils se situent dans la grille ci-dessous.

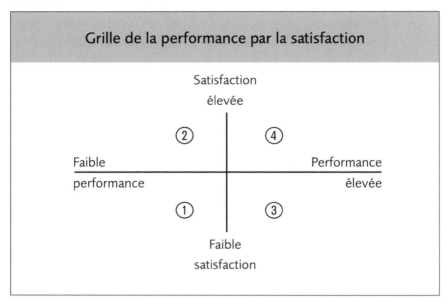

1. **Faible performance — faible satisfaction**

Nous espérons que peu de gens de votre entourage se situent dans ce quadrant. Ces personnes se traînent au travail chaque matin et font le minimum pour éviter d'être congédiées. Elles détestent leur emploi, détestent leur milieu de travail et, surtout, ne croient pas que leur travail a une quelconque valeur.

2. **Faible performance — satisfaction élevée**

Les personnes dans ce quadrant sont enthousiasmées par leur emploi, adorent travailler avec leurs collègues et croient que leur travail a son importance. Malheureusement, il leur manque quelques compétences. Ce groupe compte de nombreux travailleurs nouvellement embauchés mais pas encore efficaces.

3. Performance élevée — faible satisfaction

Vous connaissez sans doute aussi un certain nombre de travailleurs appartenant à ce groupe. Si ce sont des vendeurs, ils font beaucoup de ventes. Mais comment y parviennent-ils ? Manipulent-ils ou trompent-ils les acheteurs ? S'agit-il de personnes qui aiment se plaindre ? (« Je vendrais plus si j'avais de meilleures pistes pour trouver des clients, de meilleurs produits, etc. ») Leur clientèle leur est-elle acquise ? Si les clients les apprécient peu ou leur font peu confiance, pas étonnant que ces travailleurs soient malheureux.

4. Performance élevée — satisfaction élevée

Impossible de ne pas remarquer ces professionnels. Ce sont des vendeurs efficaces qui adorent leur travail. Ils en parlent avec passion. Ils comprennent rapidement les problèmes des clients et trouvent des solutions qui améliorent la vie ou les affaires de ces derniers. Ces vendeurs préfèrent s'abstenir plutôt que de vendre à un client un produit dont il n'a pas besoin. Ils sont fort aimés.

Qu'est-ce qui motive un vendeur-conseil ?

Au cours d'une formation que nous donnions à Singapour, nous avons rencontré une douzaine de vendeurs. Ceux-ci proposaient de l'assurance-vie collective à de grandes multinationales. À la fin de la première journée, après avoir discuté de la performance par la satisfaction, nous leur avons demandé : « En quoi consiste votre travail ? »

Le lendemain, un des participants nous a dit qu'il avait passé la moitié de la nuit à réfléchir à notre question. Cet homme, le meilleur vendeur du groupe, a résumé ainsi sa pensée :

« Mon travail consiste à faire en sorte que chaque famille au monde se sente à l'aise sur le plan financier. »

Il savait vraiment ce que voulait dire la performance par la satisfaction !

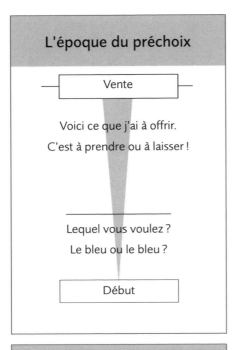

L'ÉVOLUTION DES MÉTHODES DE VENTE

Pour comprendre en quoi la démarche de vente-conseil diffère des autres méthodes, examinons l'évolution des pratiques de vente et d'achat. Notons qu'un des éléments à avoir le plus changé est l'intérêt que manifestent les vendeurs à l'égard des besoins de leur clientèle.

L'époque du préchoix

Au début de la « vente » (si tant est qu'on puisse parler de début), les outils technologiques et les inventions étaient rares, les systèmes de distribution peu développés, et la contrefaçon et le vol de produits difficiles. Le vendeur qui présentait un nouveau produit à un acheteur jouissait donc d'un avantage important sur ses confrères. L'argument « Je suis le seul à l'offrir » était souvent fondé. Si les clients avaient besoin de cet article, ils n'avaient pas vraiment d'autres choix que de se mettre en quête du vendeur.

L'approche de ce dernier était la suivante : « Lequel vous voulez ? Le bleu ou le bleu ? Voici ce que j'ai à offrir. C'est à prendre ou à laisser ! » Il avait l'avantage.

L'époque des caractéristiques

L'époque du préchoix a pris fin quand les progrès technologiques ont transformé les marchés locaux en marchés régionaux, puis mondiaux. Les entreprises se sont mises à produire en plus grande quantité et à expédier leurs produits de plus en plus loin.

Le nombre de fournisseurs a augmenté, la provenance des marchandises s'est diversifiée, la compétition est devenue plus féroce. Les acheteurs ont profité d'un choix de produits plus vaste et les prix ont baissé. L'avantage s'est donc plus ou moins retrouvé dans le camp de l'acheteur.

Après avoir battu en retraite, les vendeurs se sont mis à ruser. Sont ainsi apparues des stratégies de vente comme la publicité d'appât, les produits d'appel, les clauses en petits caractères dans les contrats, etc. Ils ont ensuite tenté d'exploiter les « caractéristiques » de leur article pour le différencier des autres. Des accessoires ont alors été ajoutés aux produits.

Durant cette période, les vendeurs ont adopté l'approche suivante : « Que désirez-vous ? J'offre cet objet en bleu, en rouge et avec de l'éclairage. Si vous êtes intelligent, vous choisirez celui avec de l'éclairage. Vous pouvez le payer en plusieurs versements (mais vous n'avez pas besoin de lire les clauses en petits caractères). Quand pouvons-nous effectuer la livraison ? »

Les vendeurs ont repris l'avantage mais se sont vite retrouvés à proposer les mêmes options. Les bas prix sont devenus le principal facteur de différenciation, et bon nombre d'entreprises ont fait faillite.

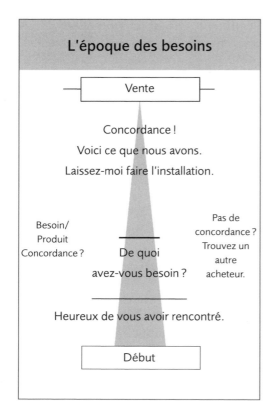

L'époque des besoins

Un important changement de paradigme a eu lieu entre acheteurs et vendeurs lorsque ces derniers se sont rendu compte que, s'ils ne pouvaient avoir l'avantage grâce à un produit, à une caractéristique ou à un prix, ils pourraient se distinguer de la concurrence par la méthode de vente.

Le concept de la vente tenant compte des besoins se définit comme suit : « Au lieu d'ajouter des caractéristiques à un produit pour que les clients en fassent le plus grand usage possible, trouvons les caractéristiques qui peuvent être produites le mieux possible et au meilleur coût, puis déterminons quels acheteurs désirent le plus ces caractéristiques et vendons-les-leur. »

Les vendeurs ont délaissé leurs comptoirs pour se mettre à cibler les acheteurs. Au lieu de dire « Vous avez besoin de ceci », ils ont commencé à demander « Avez-vous besoin de ceci ? » Si le client en avait besoin, ils réalisaient la vente ; sinon, ils passaient au suivant. Les vendeurs ne perdaient plus leur temps, leur énergie et leur argent à essayer de forcer les ventes. Leur approche se résumait en une phrase : « De quoi avez-vous besoin ? »

1. J'ai ce dont vous avez besoin. Quand pouvons-nous faire la livraison ?

ou

2. Je vais vous rappeler dans deux mois pour voir si vos besoins ont changé.

Moins arrogants, les vendeurs avaient de plus grandes chances de réussir. Quant aux clients, ils se sentaient moins pressés d'acheter et obtenaient un meilleur service. Le vendeur, cependant, faisait encore de la vente.

DE VENDEUR À CONSEILLER

Beaucoup d'entreprises préconisent encore la démarche de vente suivant les besoins et savent s'en servir. Mais il y a environ 40 ans, une nouvelle approche, inspirée de la vente en fonction des besoins, a vu le jour aux États-Unis. Larry Wilson lui a donné le nom de «vente-conseil». Trois caractéristiques la distinguent de la vente en fonction des besoins.

1. Le vendeur ne se considère pas d'abord comme un vendeur, mais comme un conseiller dont la responsabilité première est d'assurer, grâce à son produit ou service, la prospérité du client.

2. La vente-conseil vise la constitution d'un partenariat entre le vendeur et l'acheteur. Le vendeur n'essaie pas de ramener les besoins du client au produit. Il travaille plutôt avec l'acheteur pour trouver les meilleures solutions au problème de ce dernier.

De vendeur à conseiller

Travailler en étroite collaboration pour s'assurer que la solution retenue est la bonne.

Vente

Travailler en étroite collaboration pour que l'offre permette de trouver la solution répondant le mieux aux besoins formulés.

Besoin/ Capacité Concordance ?

Absence de besoin/ Recherche d'une autre occasion

Travailler en étroite collaboration pour définir les besoins et s'entendre.

Développer la relation

Début

23

3. Après la vente, le conseiller s'assure que la solution retenue satisfait pleinement l'acheteur. L'acheteur devient ainsi le client, et parfois même le patient du vendeur.

Le conseiller commence par établir un climat de confiance. Il passe ensuite à la définition des besoins en demandant « Quels problèmes doit régler votre entreprise ? » plutôt que « Quels sont vos besoins ? »

L'accent porte sur l'acheteur. Sa réponse permet au conseiller de déterminer s'il peut l'aider ou non. Si c'est le cas, il répond : « Je vous propose que nous travaillions ensemble et que nous adaptions l'offre que je peux vous faire pour qu'elle vous convienne. » Autrement, il dit : « Je pourrais vous rappeler dans un mois pour voir si vos problèmes ont changé. »

La démarche-conseil représente un avantage significatif pour le client, qui verra ainsi ses problèmes résolus. Et elle assure un avantage au vendeur et à son organisation dans la mesure où l'aptitude à conseiller de l'équipe de vente ne peut être reproduite par la concurrence.

Lorsque cette démarche est bien suivie, le client considère la relation avec la société vendeuse comme un partenariat commercial. Les coûts de transition deviennent alors tout simplement prohibitifs.

LE FONCTIONNEMENT DE LA DÉMARCHE-CONSEIL

Deux éléments distinguent le vendeur-conseil :

1. Ses compétences
2. Son attitude

Nous nous attarderons sur les compétences du vendeur-conseil dans les chapitres ultérieurs. Auparavant, il est important de comprendre comment elles interagissent. Bien qu'il soit important d'apprendre à se servir de chacune, il faut d'abord comprendre que ces compétences n'ont réellement d'impact que si elles sont utilisées avec l'attitude du vendeur-conseil. Le tout est, dans ce cas, plus grand que la somme des parties.

L'attitude du vendeur-conseil repose sur un principe : « Les gens adorent acheter mais détestent se faire vendre. » Les clients sont heureux lorsqu'ils ont l'impression d'avoir pris une décision éclairée en choisissant une option parmi toutes celles qui leur étaient proposées.

Les 4 obstacles à l'achat

Dernièrement, Hélène avait besoin d'un appareil numérique pour photographier les travaux de certains de ses clients. Après avoir passé une heure ou deux dans un magasin, elle est rentrée bredouille et déçue. Les raisons pour lesquelles elle n'a rien acheté illustrent les principaux obstacles qu'un vendeur-conseil doit prévoir et surmonter.

1. *Manque de confiance.* « Les renseignements sur les différents appareils étaient contradictoires. Personne ne semblait savoir de quoi il parlait. »
2. *Absence de besoin.* « Personne ne m'a écoutée. J'ai tenté d'expliquer ce que je voulais faire avec l'appareil, mais les vendeurs n'ont pas arrêté de me parler de pixels et de choses qui ne m'intéressaient pas. »
3. *Absence de solution.* « Ils m'ont dit "Voici la meilleure caméra" sans m'expliquer pourquoi c'était la meilleure pour moi. »
4. *Absence de satisfaction.* « Finalement, je me suis sentie manipulée et pressée d'acheter. Je ne veux plus jamais retourner dans ce magasin. »

Le vendeur-conseil sait qu'un client potentiel peut buter contre un de ces quatre obstacles. Mais la démarche méthodique de la vente-conseil l'aide à y faire face. (Ces obstacles sont abordés dans les chapitres 2 à 5.)

Pour surmonter le manque de confiance : la confiance

Les gens n'apprécient guère les vendeurs qui ne se soucient pas de leurs intérêts. Ils ne partagent d'ailleurs pas de renseignements importants sur leurs problèmes, leurs besoins ou leurs objectifs, à moins d'avoir l'impression que le vendeur a l'intention de les aider et l'aptitude pour le faire.

Nous expliquons dans le chapitre 2 comment un vendeur-conseil établit une relation de confiance avec un client. Les compétences qui sont nécessaires pour parvenir à cette fin y sont exposées. Cela vous permettra d'asseoir votre crédibilité et de jeter les bases d'une relation axée sur la résolution de problèmes. Vous saurez ainsi faire rapidement baisser la tension (normale) qui caractérise le début d'une relation de vente et nouer des liens qui vous aideront à aider vos clients.

Pour contrer l'absence de besoin : la découverte

Robert devait rénover sa cuisine. Il voulait changer le couvre-sol mais n'avait pas encore déterminé le genre de revêtement dont il avait besoin. Il savait cependant quels problèmes il voulait résoudre : ses enfants faisaient bien des dégâts, ses chiens laissaient souvent des traces boueuses sur le plancher et lui était fatigué de marcher sur de vieux carreaux de céramique.

En général, les clients connaissent leurs problèmes et savent ce qu'ils veulent. À l'étape de la découverte, un vendeur-conseil tente de saisir ces éléments, puis il travaille avec le client pour les approfondir, les classer par ordre de priorité et les organiser en un ensemble de besoins.

À ce stade, le vendeur-conseil ne se contente donc pas de poser de simples questions, comme : « De quoi avez-vous besoin ? Laissez-moi voir si j'ai un produit qui correspond à vos besoins. » Il propose plutôt : « Nous allons essayer de comprendre vos problèmes, vos objectifs et vos priorités. De cette façon, nous trouverons ce qui compte le plus pour vous. »

Pour éviter l'absence de solution : l'argumentation

Vous avez sans doute déjà vécu la situation suivante : vous décrivez votre situation et vos besoins à un vendeur, vous croyez qu'il vous écoute, vous attendez sa réponse et il vous arrive avec une présentation toute faite où il décrit les caractéristiques et les avantages d'un produit. Vous ne savez pas le moins du monde si celui-ci vous convient. Il peut s'agir de la bonne solution, mais la présentation du vendeur ne vous permet pas de l'affirmer.

À l'étape de l'argumentation, dont nous traiterons au chapitre 4, l'important, pour le vendeur, n'est pas de faire une bonne présentation mais d'établir des liens entre les besoins du client et la solution qu'il lui soumet. Sa facilité à argumenter l'aide à faire de ce dernier un partenaire dans l'élaboration de la solution. L'énoncé résumant le mieux cette étape n'est pas « Voici la solution que je (le vendeur) vous recommande », mais plutôt « Voici la solution que nous avons trouvée ensemble. »

Pour contrer l'absence de satisfaction : la satisfaction

Un vendeur-conseil ne rate jamais une vente à cause des « remords de l'acheteur ». Pourquoi ? Il sait que le processus de vente ne prend fin qu'au moment où le client, voyant ses besoins comblés, est satisfait de son achat. Il assure donc un suivi pour la mise en œuvre, le dépannage, le réglage du produit et prête attention aux indices révélant que le client a de nouveaux problèmes ou besoins.

Les compétences nécessaires pour gérer de manière proactive les sources d'insatisfaction sont exposées au chapitre 5. Nous y expliquons comment répondre aux quatre principaux besoins de soutien (soutien de la décision, mise en œuvre, objections et maintien de la relation).

La vente-conseil en action

Le dernier chapitre de ce livre s'attarde au fonctionnement de la démarche-conseil dans diverses situations. Les cas présentés permettent de constater combien les compétences et l'attitude du vendeur sont indissociables dans la résolution de problèmes. Enfin, la section « Ressources », qui suit le chapitre 6, propose d'autres sources d'information et de formation sur la vente-conseil.

UNE VÉRITABLE SOLUTION GAGNANT-GAGNANT

Kevin Joffe, directeur des opérations chez Haven Europe, une société d'hôtellerie de plein air et un important revendeur de maisons mobiles en France, résume l'attitude de la vente-conseil de cette façon : « Il s'agit du principe qui devrait guider toutes les actions d'un vendeur.

Le vendeur-conseil cherche avant tout à résoudre le problème de son client. En se concentrant sur la solution à un problème, il se préoccupe davantage de son client. Il ne tente pas de réaliser à tout prix une vente pour toucher sa commission. Cette attitude a un impact énorme sur son comportement. »

Le vendeur pose toutes ses questions pour en apprendre davantage sur la situation du client et cerner ce qui est important pour lui. Lorsqu'il soumet une solution, celle-ci correspond à la réalité du client, car elle fait écho à ce qui compte pour ce dernier. De la sorte, le client gagne, car son problème est réglé, et le vendeur gagne, car il réalise une vente. « C'est comme dans un match de soccer, explique Joffe. Il est plus important de regarder le ballon que le score au tableau. »

La vente-conseil aboutit à une solution gagnant-gagnant en offrant de réels avantages à tout le monde. Les clients obtiennent ce dont ils ont besoin sans avoir à acheter des produits dont les multiples caractéristiques n'ont aucune valeur pour eux mais en augmentent le prix. Et les vendeurs nouent avec leurs clients des relations de confiance que les compétiteurs ont beaucoup de mal à reproduire.

Bien que ce livre ne puisse remplacer la pratique et les expériences des ateliers de formation de Wilson Learning, nous espérons qu'il saura vous inspirer et vous aider à améliorer votre satisfaction — et vos performances — en tant que vendeur.

2 | Savoir établir la confiance

Satisfaction · Absence de satisfaction · Confiance · Absence de confiance · Chercher à résoudre le problème · Absence de besoin · Découverte · Absence de solution · Argumentation

« Ne faites jamais confiance à un vendeur. » Voilà ce qu'on nous a très tôt enseigné dans la vie. Qui n'a pas un oncle qui s'est retrouvé avec une auto d'occasion toujours en panne ? Ou une sœur dont le portable fonctionne mal ? Ou un père qui a traité avec un vendeur d'équipement industriel n'ayant jamais mis les pieds dans une usine ? Toutes ces histoires ont une influence sur nos expériences d'achat. Nous n'hésitons pas à mettre tous les vendeurs dans le même panier en leur prêtant d'emblée des intentions malhonnêtes.

En tant que vendeurs, nous avons pu constater que ces préjugés suffisent parfois à ruiner une relation avec un bon client potentiel. Par exemple, nous entrons en contact avec le personnel d'une entreprise cliente et, grâce à un travail assidu, nous définissons une démarche de vente. Nous faisons la preuve que notre produit fait gagner du temps à ce client, lui fait économiser de l'argent et du travail, ou répond à un énorme besoin affectif, le tout à un juste prix. Le client croit que notre solution est la bonne mais ne l'achète pas.

Pourquoi ? Parce qu'il ne nous fait pas confiance. Pourquoi ? Nous sommes des vendeurs.

DU TEMPS, DES TENSIONS ET DE LA CONFIANCE

Nous savons faire confiance dans toutes sortes de situations : lorsque nous arrivons dans un nouveau quartier et nouons de bonnes relations avec nos voisins, lorsque nous sommes amoureux, lorsque nous changeons d'emploi. Pourquoi est-ce si difficile dans une relation de vente ? En fait, nous agissons souvent pour que cela le devienne. Nous négligeons d'établir un climat de confiance et passons directement à la transaction pour pouvoir plus rapidement en conclure une autre, puis une autre, etc.

Mais votre conjoint vous a-t-il fait entièrement confiance lors du premier rendez-vous ? Vos voisins vous ont-ils laissé garder leur nouveau-né dès votre arrivée dans le quartier ? Votre patron vous a-t-il révélé tous les secrets de l'entreprise durant votre formation ? Probablement pas. Les clients, pour des raisons analogues, n'accordent pas d'emblée leur confiance.

Il est naturel de se méfier au début d'une relation. Certaines personnes font preuve de réserve à l'égard des vendeurs parce qu'elles ne les connaissent pas ou ne sont pas habituées de faire affaire avec eux. C'est ce qu'on appelle la tension relationnelle.

Il est rare qu'un client exprime de façon explicite sa méfiance. En général, il faut prêter attention à certains indices pour s'en rendre compte. Ainsi, un client qui se méfie d'un vendeur peut avoir l'air :

Signe de méfiance

- pressé ou peu disposé à lui accorder du temps ;
- préoccupé par d'autres tâches, « plus pressantes » ;
- mal à l'aise ou nerveux, et éviter tout contact visuel direct ;
- réticent ou peu enclin à lui communiquer des renseignements sérieux ou complets.

Dans ce dernier cas, le client répond brièvement aux questions du vendeur, ne tente pas de les compléter ou de lui donner des détails pour l'aider à cerner la situation. Il lui semble inutile de prendre le temps de renseigner une personne avec qui il n'a pas l'intention de faire affaire.

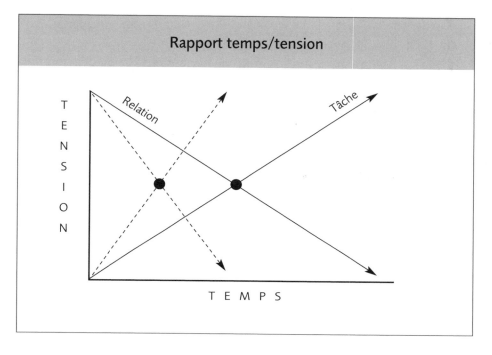

Ces réactions sont normales. À cette étape de la relation, cette méfiance ne signifie pas nécessairement que le client a une idée négative du vendeur. Cela veut simplement dire qu'il ne le connaît pas assez pour savoir s'il mérite sa confiance : il a besoin de plus d'information. La tension relationnelle diminue au fur et à mesure que les deux parties apprennent à se connaître.

Il existe aussi, lorsqu'un acheteur et un vendeur ont envie de conclure une transaction, une tension relative à la tâche. Les deux parties l'éprouvent à l'idée de travailler ensemble à l'atteinte d'un objectif commun. Cette tension est en général peu importante durant la période de négociation. Elle augmente quand les tâches ou les échéances se définissent et que les signes de progrès — les résultats — se précisent.

Voici quelques signes indiquant, au début d'une relation d'affaires, que la tension relationnelle est élevée, et la tension relative à la tâche, basse.

- Le client coupe court à la rencontre.
- Il ne discute que d'aspects secondaires.
- Les renseignements qu'il fournit ne permettent pas de dégager une piste de solution.

Dans un tel cas, ce que vous avez à faire est clair : vous devez réduire la tension relationnelle et augmenter la tension relative à la tâche. Comment ? À l'aide des compétences, décrites dans ce chapitre, qui rendent le client à l'aise. Plus ce dernier vous fera confiance rapidement, plus vite vous aurez une discussion sérieuse sur vos possibilités d'affaires.

RÉDUIRE L'ÉCART DE CRÉDIBILITÉ

Le temps nécessaire pour établir un climat de confiance dépend beaucoup du client. Un certain nombre de facteurs influent sur sa perception : ses expériences passées avec des vendeurs, l'industrie, la complexité ou l'importance de la vente, la personnalité du vendeur, etc.

Beaucoup de vendeurs se contentent de « laisser les choses suivre leur cours », en se disant que les clients finiront bien, au cours de la discussion, par se rendre compte qu'ils sont des gens « corrects » en qui on peut avoir confiance. Cette approche présente certains désavantages, le principal étant que cela peut prendre pas mal de temps, en fait plus de temps que n'en dispose le client. De plus, plusieurs des questions de ce dernier peuvent demeurer sans réponse si on laisse ainsi aller les choses. Il est préférable d'élaborer un plan afin d'établir sa crédibilité le plus rapidement possible.

Les recherches menées par Wilson Learning Worldwide ont permis de déterminer que la crédibilité repose sur quatre éléments : la conformité à l'étiquette, la compétence, les affinités et l'intention. Une fois réunis, ceux-ci dissipent rapidement toute méfiance.

1ᵉʳ élément de la crédibilité

La conformité à l'étiquette

Il s'agit, grosso modo, du savoir-vivre de la vente. Se conformer à l'étiquette signifie adapter son comportement en fonction du type et des attentes de l'entreprise avec laquelle on traite. Cela suppose plusieurs choses : une tenue appropriée, de bonnes manières, le respect de certaines règles, un langage adéquat. La conformité à l'étiquette est ainsi un moyen de montrer que l'on respecte ce que fait un client.

Si vous débutez comme vendeur dans une industrie dont vous connaissez mal les traditions, les attentes ou l'étiquette, voici **3 conseils.**

1. *Trouvez-vous un mentor.* Un vendeur travaillant dans cette industrie depuis plusieurs années peut vous conseiller sur les vêtements à porter, la façon d'accueillir les gens et le

niveau de langage à adopter. Si nécessaire, faites des jeux de rôle avec cette personne pour qu'elle puisse critiquer votre approche.

Étiquette et chic ne vont pas nécessairement de pair

Patrick a été engagé comme vendeur de produits alimentaires pour le bétail. Il possède un diplôme en nutrition animale, a su se faire remarquer lors de sa formation et semble avoir un véritable talent pour ce travail. Cependant, il a été congédié après deux mois.

« Il portait des complets coûteux pour aller voir les fermiers, explique le directeur des ventes. Nous lui avons demandé de porter autre chose, mais il n'a pas suivi nos directives. Il croyait impressionner les fermiers. Il ne comprenait pas que ceux-ci préfèrent faire affaire avec quelqu'un qui s'habille comme eux un jour de congé : de beaux vêtements, mais rien d'extravagant. »

Son approche de vente s'est également révélée boiteuse. Il croyait que son diplôme l'autorisait à employer à tout bout de champ le jargon des fermiers. Cette surutilisation, évidemment forcée, a déplu. Ses clients demandaient uniquement qu'il connaisse son affaire et soit lui-même.

2. *Passez du temps avec vos clients.* Proposez-leur de passer une journée au milieu des employés avec qui vous devrez faire affaire ou, pour ne pas trop déranger, prévoyez avec eux un moment où vous pourrez les appeler et discuter des enjeux ou des tendances de l'industrie.

3. *Assistez à un congrès de l'industrie.* Participez-y « incognito », et non à titre de vendeur. Écoutez ce qui se dit et observez les interactions et les comportements. Prenez le temps de poser des questions aux fournisseurs qui ont des stands. Vous saurez ainsi quelle conduite adopter et apprendrez les dernières rumeurs.

2^e

La compétence

En gros, les clients veulent savoir si vous êtes capable d'accomplir le travail demandé, si vous connaissez leur entreprise, si vous avez réussi par le passé et si vous pouvez reproduire, voire dépasser, vos succès. Vous aurez beau être un modèle de conformité et déborder de bonnes intentions, si les clients pressentent que vous n'avez ni les connaissances ni les habiletés pour résoudre leurs problèmes, vous ne réussirez pas.

Pour faire valoir vos compétences dès le début, pensez aux points suivants.

- Mentionnez discrètement votre formation et vos expériences pertinentes (évitez les présentations nombrilistes). Certains vendeurs hésitent à agir ainsi, car ils ne veulent pas se retrouver dans une position de « transmetteur ». Les acheteurs ont cependant besoin de ce genre d'information.

- Répondez aux besoins de l'acheteur en disant : « Voici ce que nous avons fait pour aider la compagnie ABC dans une situation similaire… » En donnant des exemples réels sur la façon dont votre produit ou vos compétences de conseiller ont aidé un client, vous vous vendez à partir de ce que vous avez déjà fait et non en fonction de ce que vous pourriez faire. C'est très efficace.

Un vendeur de pièces usinées pourrait ainsi dire : « Il y a quelques mois, nous avons participé à la réalisation du projet de Simmons Machine, une entreprise dont vous avez probablement entendu parler. Ils parvenaient mal à maintenir des tolérances serrées sur des formes cylindriques minuscules. Avec les techniques d'usinage traditionnelles, ils perdaient 3 pièces sur 10. Nous leur avons donc proposé un moyen de résoudre le problème, et leur taux de rebuts a chuté à près de zéro. »

Utilisez des phrases comme : « Voici ce que je sais de votre situation… » Si vous disposez de peu de données fiables (ou vérifiables), assurez-vous que vos hypothèses sont fondées. Vous perdrez beaucoup de points si vous évaluez mal la condition ou les besoins d'une entreprise cliente.

Il est également bon de rappeler la différence qui existe entre compétence et arrogance. L'arrogance d'un Monsieur ou d'une Madame je-sais-tout n'est pas un gage de sa compétence. De plus, la confiance

« Péché d'orgueil ne va pas sans danger » (adage)

Claire a été engagée pour vendre une nouvelle application logicielle de gestion des stocks. Elle a obtenu les meilleures notes de sa classe à l'université et a créé plusieurs logiciels de gestion lorsqu'elle était étudiante.

Malheureusement, elle fait savoir à tous les clients qu'elle est la personne la plus avertie dans son domaine. Elle prétend qu'elle connaît tous leurs problèmes et ne cherche pas à déterminer de façon précise leurs besoins ou les particularités de leur organisation.

Sa maîtrise technique est indéniable, mais son arrogance et son manque de flexibilité l'empêchent de retenir les clients. Son produit ne manque pas de compétiteurs compétents, et la plupart de ses clients finissent par lui faire faux bond en se disant qu'ils trouveront ailleurs un vendeur ayant de plus grandes qualités humaines.

peut rapidement disparaître si l'on se met à argumenter avec un client ou si l'on tente de lui prouver qu'il a tort.

Les clients préfèrent d'ailleurs les vendeurs capables de reconnaître qu'ils ne savent pas tout. Leur respect peut même augmenter si on leur explique que l'on n'a pas de solution à leur proposer dans l'immédiat mais que l'on est prêt à effectuer des recherches pour en trouver une.

Les affinités

Bien des vendeurs croient que, pour faire la preuve que l'on a des affinités avec un client, il suffit de remarquer ses photos sur le mur, par exemple celles d'une expédition en rafting, et de raconter sa propre descente en eau vive avec un camarade d'université.

Un exemple à ne pas suivre

On présente le nouveau représentant des ventes d'une importante société de télécommunications au PDG d'une entreprise qui va bientôt compter parmi ses comptes les plus considérables. Le président, pêcheur accompli, a couvert les murs de son bureau de ses trophées de pêche. Pendant la conversation, il demande au représentant s'il aime la pêche. Sans réfléchir, l'autre répond : « Non, vraiment pas ! La pêche, c'est le sport des paresseux. » Ouch !

Si elle est vraie (et la plupart des clients sauront vite si elle ne l'est pas), l'anecdote peut être intéressante. Il faut cependant aller un peu plus loin pour savoir si l'on a des affinités avec un client — avoir en commun les mêmes idéaux, les mêmes espoirs ou les mêmes antécédents.

Il est ici important de souligner que vous n'avez pas à partager les valeurs personnelles de votre client pour trouver un terrain d'entente. Vous pouvez, par exemple, être aux antipodes l'un de l'autre sur une question politique touchant votre entreprise. Mais vous n'avez pas besoin d'aborder ce point si vous vendez de l'équipement de sécurité industrielle. Il en va autrement des valeurs professionnelles. Votre client voudra ainsi sans doute savoir si vous êtes personnellement en faveur de la sécurité au travail.

En général, les clients veulent être compris et veulent que leurs besoins particuliers (qui sont probablement très courants) le soient aussi. Ils préfèrent les vendeurs dignes de confiance, qui ne leur causent pas de maux de tête et qui sont plus que des techniciens, c'est-à-dire qui ont du cœur, une âme et un certain sens de l'humour.

L'honnêteté, des expériences ou des idéaux communs et des questions ouvertes («J'ai lu beaucoup sur ce problème récemment. Selon vous, que va-t-il se passer?») sont des moyens de faire ressortir les affinités. De petites similarités finissent parfois par former une solide base d'affaires.

Toutes ces pratiques comportent cependant des pièges, puisque bien des sujets engendrent facilement des malentendus et des désaccords. Dans ce cas, il vaut mieux rectifier le tir et ramener la conversation sur un terrain plus sûr et productif.

Selon les recherches de Wilson Learning Worldwide, une des meilleures façons de profiter des affinités avec un client est d'être recommandé par un tiers. La crédibilité dont jouit cette personne auprès de ce dernier semble pouvoir être transférée. C'est ce que nous appelons la «confiance par procuration». Le client potentiel fait confiance au vendeur parce qu'un ami en qui il a confiance considère qu'il s'agit d'une personne recommandable.

L'intention

Vous avez sans doute vécu l'expérience suivante: vous appelez un vendeur en fin de journée et sentez rapidement que, s'il conclut une vente, il touchera vraisemblablement un boni. Malgré ses efforts pour dissimuler ce fait, vous comprenez qu'il tient davantage à conclure la vente sur-le-champ qu'à vous aider à résoudre un problème, que celui-ci survienne le lendemain, la semaine prochaine ou le mois suivant.

Des quatre éléments composant un climat de confiance, l'intention (ou motivation) est celui dont dépend le plus la crédibilité. Elle constitue un défi à part entière, puisque la mission d'un vendeur demeure toujours la conquête d'un marché.

Les bonnes intentions ne sont possibles que dans une relation gagnant-gagnant, c'est-à-dire dans une relation où l'acheteur est gagnant parce qu'il réussit à résoudre son problème, et où le vendeur est gagnant parce qu'il conclut une vente en résolvant un problème. Le défi consiste donc à faire rapidement comprendre au client que la situation sera profitable pour tout le monde. De la sorte, un climat propice à la vente peut s'établir.

Les intentions du vendeur se traduisent par sa façon de voir la relation avec son client. Cherche-t-il à lui dicter une solution ? Lui parle-t-il seulement des points qui lui permettront de gagner un voyage aux Bahamas ? Lui fait-il des recommandations alors qu'il connaît mal sa situation ?

Si à chaque rencontre il demande au client de faire un achat, celui-ci sera vite agacé et se demandera : « Mais qu'a-t-il fait pour moi ces derniers temps ? » Les acheteurs ne sont pas naïfs : ils savent faire la différence entre un vendeur qui se préoccupe vraiment de ce qu'ils pensent et les autres.

L'intention est au cœur de la vente-conseil. Si vous proposez plus qu'un simple achat à vos clients, si vous travaillez avec eux à trouver des solutions durables, si vous vous attardez à mieux connaître leur entreprise et leur industrie, si vous fournissez des services complémentaires, ils finiront par vous considérer davantage comme un conseiller que comme un vendeur.

L'intention se reflète davantage dans les comportements que dans les discours. Voici quelques comportements prouvant de bonnes intentions.

- *Respecter ses engagements*. La fiabilité n'est pas une affaire occasionnelle.

Le retour aux sources :
la conformité et les affinités mises en pratique

Thomas Jalbert était paralysé par la peur en réfléchissant à la possibilité de réorienter sa carrière pour devenir vendeur d'assurances. Il ne possédait pas de diplôme collégial et avait été camionneur les 20 premières années de sa vie professionnelle. Mais des problèmes de santé l'obligeaient à considérer un changement de métier et la perspective de gagner sa vie en aidant les gens à assurer la sécurité de leurs biens et de leur famille lui plaisait.

« J'étais surtout effrayé parce que je ne connaissais pas les attentes des clients sur certains points secondaires, expliquait-il plus tard. La compagnie m'avait donné une excellente formation sur ses produits, mais je ne savais pas comment je devais m'habiller, agir et parler. Je me suis donc fié à mon intuition. »

Après un an de travail, Thomas a étudié ses résultats. Il a remarqué qu'il réussissait surtout à vendre de l'assurance habitation et de l'assurance automobile à des cols bleus. « Ma relation n'était pas assez bonne avec les cols blancs, qui étaient plus rentables. J'aimais ma base de clients, mais je voulais l'étendre. »

Il s'est donc attardé à deux des éléments du climat de confiance — la conformité à l'étiquette et les affinités. Durant deux semaines, il a passé ses heures de lunch à interroger ses parents et amis qui occupaient des emplois de cols blancs. « Je leur ai posé toutes les questions embarrassantes comme : "Quelle couleur de chemise dois-je choisir ?" et "Comment dois-je me présenter lorsque je rencontre un client potentiel ?" J'ai ensuite modifié mon comportement et me suis habillé en fonction de leurs réponses. »

Thomas s'est aussi mis à fréquenter les restaurants préférés des cols blancs et à lire les journaux et les magazines qui les intéressaient. Ses progrès ont été lents, mais ses efforts l'ont aidé à surmonter les problèmes de conformité et d'affinités qu'il ressentait. Au bout d'un certain temps, sa compétence et ses bonnes intentions se sont affirmées et il a réussi à pénétrer ce marché.

- *Prêter attention au ton de la voix*. Ce ton ne doit exprimer ni frustration ni stress.
- *Prêter attention au langage corporel.* Il faut être ouvert et professionnel en tout temps, et ne jamais être sur la défensive ou déçu.

L'objectivité et l'humilité signalent aussi de bonnes intentions. Savoir reconnaître qu'un produit que l'on vend ne résout pas toujours tous les problèmes et qu'il peut comporter certaines lacunes en dépit de ses forces, contribue à asseoir une crédibilité. Les clients à qui l'on se présente sous un jour humain sont davantage disposés à l'être.

Par ailleurs, un tel degré d'honnêteté étant rare, il peut servir de marque distinctive par rapport à la compétition. Au lieu de faire des promesses en l'air, le vendeur-conseil a des attentes réalistes et tient parole.

PROUVER SES BONNES INTENTIONS À L'AIDE DU BPE

Lorsque vous persuadez un client que vous tenez à l'aider et non uniquement à augmenter vos ventes, vous êtes en position de jeter les bases d'une relation durable. Et vous y parviendrez encore plus rapidement si vous faites en outre preuve de conformité, de compétence, et si vous savez faire valoir vos affinités avec le client.

Le système BPE — But, Processus et Enjeu — peut aussi vous aider. En communiquant brièvement et précisément à un client ce que signifient pour vous ces trois éléments, vous clarifiez vos intentions. Rappelez-vous que la principale cause de « l'absence de confiance » chez un client est sa méconnaissance de vos intentions ou les doutes qu'il entretient à cet égard.

Rédigez de brefs énoncés se rapportant à chacun de ces éléments.

But :   Répondez à la question « Pourquoi suis-je ici ? » Même si votre client potentiel connaît déjà le type d'entreprise que vous représentez, et même si vous en avez discuté de manière générale au téléphone ou par courriel, clarifiez votre rôle d'expert en résolution de problèmes en décrivant la raison de votre visite.

Par exemple : « Mon but, aujourd'hui, est de me présenter et de vous faire connaître mon entreprise, ainsi que les produits et services que nous offrons. J'aimerais aussi en apprendre davantage sur votre compagnie et vos besoins. Cela vous convient-il ? »

Processus : Expliquez au client le processus que vous entendez suivre pour atteindre le but. Vous réduirez ainsi les tensions et les incertitudes, puisqu'il saura à quoi s'attendre.

Vous pourriez ainsi lui dire : « Pour commencer, j'aimerais répondre à certaines questions que vous vous posez peut-être à mon sujet et au sujet de mon entreprise. Nous pour-rions ensuite explorer les autres problèmes ou besoins dont vous voudriez discuter. »

Enjeu : Répondez à la question « Nos horaires étant chargés, comment tirerons-nous profit de cette rencontre ? » N'ou-bliez pas de mentionner vos intérêts, sinon le client remarquera ce manque d'honnêteté. Après tout, il s'agit d'une relation d'affaires.

Exemple d'énoncé : « Vous apprendrez certaines choses sur nous, et nous en apprendrons sur vous. Nous pour-rons ensuite déterminer si je suis (ou si mon entreprise est) la ressource qui répondra le mieux à vos besoins. »

MANIFESTER SON EMPATHIE
EN SUIVANT L'EXEMPLE DE BEN DUFFY

Dans les années 60, Ben Duffy est directeur commercial d'une petite agence de publicité de New York. Lorsqu'il apprend que l'American Tobacco Company est à la recherche d'une nouvelle agence, il fait jouer ses relations et obtient un rendez-vous avec le PDG de cette compagnie.

La veille de la rencontre, il réserve une chambre d'hôtel pour y préparer sa présentation. Il se creuse longtemps les méninges pour trouver un moyen d'impressionner le PDG d'American Tobacco.

Puis il a une idée : il se met à la place de celui-ci et se demande quelles questions il poserait, lui, au représentant d'une agence de publicité. Ben note alors 10 questions avec les réponses correspondantes.

Vient ensuite la rencontre. Il se présente et raconte à son interlocuteur ce qu'il a fait. Ce dernier l'interrompt et lui dit : « C'est très intéressant, Monsieur Duffy, puisque après votre appel, j'ai fait exactement la même chose. J'ai moi aussi mes 10 questions. Si nous comparions nos listes ? » Mettez-vous à la place de Ben Duffy : des millions de dollars de publicité en jeu dans un simple échange de listes de questions ! Tous deux se mettent à lire et finissent par sourire : 7 des 10 questions sont les mêmes.

L'agence de Ben a obtenu le contrat, et la collaboration avec l'American Tobacco a duré plus de 20 ans. La raison d'un tel succès ? Ben a manifesté de l'empathie à l'égard de son client. Il a considéré le monde (et lui-même) en fonction du point de vue de celui-ci, a compris ses préoccupations et ses difficultés particulières et, à partir de là, a préparé une approche gagnante.

Chaque vendeur-conseil peut faire de même en suivant quelques étapes.

Avant l'appel

1. Penser aux préoccupations et aux éventuelles questions du client. Pour cela, faire des recherches à l'intérieur et à l'extérieur de l'entreprise.
2. Présenter ces préoccupations sous la forme d'une liste de questions. Le vendeur la rédigera comme s'il était l'acheteur.
3. Préparer les réponses à ces questions.

En faisant cet exercice, vous remarquerez sans doute que bon nombre de vos questions portent sur les quatre éléments que nous avons présentés dans les pages consacrées au climat de confiance.

Au moment de l'appel

1. Partager avec le client les questions qui ont été préparées.
2. Vérifier si ces questions sont pertinentes. Si oui, passer à l'étape 4.
3. Poser des questions sur les autres sujets qui préoccupent le client.
4. Répondre aux questions. Inclure aux renseignements les réponses obtenues à l'étape 3.

L'approche de Ben Duffy présente un intérêt évident dans les premières étapes d'une relation de vente mais est aussi profitable pour une relation déjà établie (dans laquelle il est facile de relâcher son attention et de se mettre sur le pilote automatique).

Pour demeurer à l'affût des besoins ou désirs de vos clients, prenez le temps de poser les questions suivantes et d'y répondre en suivant la stratégie de Ben Duffy :

- Pourquoi sommes-nous toujours la meilleure entreprise avec qui vous pouvez faire affaire ?
- Quels résultats avons-nous permis à votre entreprise ou à votre groupe commercial d'atteindre ?
- Quelle expérience de votre industrie ont nos employés ?

Vos clients de longue date ont peut-être envie de savoir (et d'expliquer à leur patron) pourquoi, considérant tous les vendeurs qui leur font chaque semaine des offres alléchantes, ils continuent de faire affaire avec vous.

UN PLAN D'ACTION POUR FAVORISER LA CONFIANCE

Comme nous l'avons dit en début de chapitre, chacun peut inspirer confiance s'il sait se rendre crédible et manifester de l'empathie. Et plus rapidement la tension relationnelle baisse, plus rapidement on passe aux étapes productives de la relation d'affaires. Pour y parvenir, voici 9 trucs.

1. Respectez tous vos engagements auprès de vos clients, même si vous devez, pour cela, annuler une rencontre avec un client potentiel.

2. Lisez les publications commerciales et recueillez 10 études, articles ou nouvelles brèves se rapportant aux industries avec lesquelles vous traitez. Faites subtilement part de ces renseignements lors de vos rencontres avec vos clients.

3. Obtenez le rapport annuel de vos entreprises clientes. Lisez-en le résumé avant de rencontrer un client.

4. Trouvez quels petits services vous pourriez rendre à des clients ou à des clients potentiels afin de leur montrer que, loin de les considérer comme des vaches à lait, vous vous préoccupez de leurs intérêts.

5. Résumez, à l'intention du client que vous rencontrez, les cas où votre produit ou service a aidé des personnes aux prises avec des besoins ou des problèmes similaires aux siens.

6. Appelez les chefs de file d'une industrie et demandez-leur de vous accorder 10 minutes afin de vous renseigner sur cette industrie. Lorsque vous rencontrerez des clients potentiels, dites-leur que vous avez parlé à ces personnes influentes.

7. Enregistrez sur vidéo une simulation de présentation. Observez votre langage corporel et faites en sorte d'être à l'aise et professionnel. Demandez qu'on critique votre style de présentation.

8. Rédigez des énoncés BPE pour chaque rencontre avec un client.

9. Privilégiez l'approche de Ben Duffy avec tous vos clients, y compris avec ceux de longue date.

3 | L'étape de la découverte

Vous avez donc jeté les bases d'une relation de vente fructueuse. L'acheteur est à l'aise avec vous; vous avez fait la preuve de votre sincérité, de votre compétence et de vos bonnes intentions; il est prêt à s'ouvrir. Quelque chose, cependant, cloche. Bien qu'il vous fasse confiance, le client vous rebat les oreilles avec une objection: «Cela semble un produit de qualité et son prix est compétitif, *mais nous n'en avons vraiment pas besoin.*»

Comprendre l'obstacle de «l'absence de besoin» et faire en sorte de le dépasser en découvrant les véritables besoins du client: voilà une étape cruciale du processus de la vente-conseil.

LA DÉCOUVERTE ET LA VENTE-CONSEIL

Lorsque la vente se faisait en fonction des besoins (voir chapitre 1), l'étape de la découverte était relativement simple. Le vendeur posait des questions afin de comprendre les besoins du client, puis il associait ses produits et services aux besoins exprimés, et il proposait une solution.

Avec l'arrivée de la vente-conseil, beaucoup de choses ont changé. Le client peut maintenant choisir parmi un vaste éventail de produits et services, chacun comportant de multiples caractéristiques pouvant être personnalisées. En outre, les problèmes et les besoins des clients, surtout dans un contexte de vente entre entreprises, sont plus complexes qu'avant. Le fait suivant prend donc une grande importance:

Les clients connaissent leurs problèmes
mais ne savent pas toujours quels sont leurs besoins.

Les options pouvant satisfaire leurs attentes étant nombreuses, les clients ont parfois besoin d'aide pour classer leurs problèmes par ordre de priorité, pour découvrir les causes profondes de chacun d'eux et pour déterminer les meilleures solutions. Mais qu'est-ce qu'un problème ? Qu'est-ce qu'un besoin ?

Un de nos amis a récemment eu dans son jardin des taupes, qui creusaient des tunnels dans le sol pour manger les racines des plantes.

De prime abord, le problème et le besoin étaient simples :

- Problème : les taupes tuent les plantes du jardin.
- Besoin : il faut se débarrasser des taupes.

Le vendeur agissant en fonction des besoins tentera de lui vendre des articles pour piéger, tuer ou éloigner les taupes. Le vendeur-conseil, lui, cherchera plutôt à mieux comprendre le problème en puisant dans sa propre expérience et travaillera avec le client pour découvrir les causes profondes du problème. Le résultat de son intervention pourra ainsi être :

- Problème : les taupes tuent les plantes du jardin.
- Fait : les taupes, qui se nourrissent aussi de larves, viennent dans le jardin, car elles y trouvent des larves.
- Fait : le sol du jardin est humide et les larves adorent ce type de sol.
- Fait : le jardin est humide parce que le drainage est insuffisant.
- Sentiment : la famille du client trouve qu'il est cruel de tuer les taupes.

Dans ce cas-ci, le vendeur-conseil et le client ont désormais une bonne compréhension du problème, ainsi que les faits et les sentiments qui y sont associés. Ils disposent donc d'un plus vaste éventail d'options pour définir le besoin et résoudre le problème. Le client sait également que tuer ou éloigner les taupes est une solution temporaire. Il résoudra plus efficacement son problème s'il tue les larves ou, mieux, s'il améliore le drainage de son jardin.

Trouver le problème avec le client

RECONSIDÉRER LE GRAND PRÉCEPTE CHRÉTIEN

En fin de compte, il vous est impossible de conclure une vente valable s'il y a « absence de besoin » et d'être un véritable expert en résolution de problèmes tant que le client et vous n'avez pas bien compris le problème.

Dans la vente-conseil, la découverte est un processus auquel participent ensemble le client et le vendeur. Les connaissances que le premier a de la situation et de son ou ses problèmes se combinent aux connaissances que le second possède de ses produits et services ainsi qu'à ses compétences.

Pour aider les clients à classer leurs besoins et leurs motivations par ordre de priorité, et pour dépister les problèmes connexes, mais cachés, qui peuvent entraver l'application d'une solution, les conseillers ont recours à des méthodes éprouvées (interroger, écouter, reformuler).

Ce sont les acheteurs, et non les vendeurs, qui définissent les éléments qu'ils jugent importants ou uniques d'un produit ou d'un service qui leur est présenté. Cela joue sur la découverte. Tant que cela n'est pas compris, toute présentation de vente est prématurée.

Un des grands préceptes chrétiens stipule : « Ne faites pas à autrui ce que vous n'aimeriez pas qu'il vous fasse. » L'approche de la vente-conseil reprend cette règle dans un sens actif : « Faites à autrui ce qu'il veut et a besoin qu'on lui fasse. »

La découverte, qui est un des fondements de la vente-conseil, fait apparaître une chose : soumettre un client à une présentation, plutôt que soumettre une présentation à un client, mène, à long terme, à l'échec. Si le vendeur néglige l'étape de la découverte et s'empresse de vanter les caractéristiques de son produit, le client peut toujours juger que celui-ci ne lui convient pas.

Le vendeur peut bien citer des études de marché ou faire valoir ses ventes passées pour « prouver » que le monde a bel et bien besoin de son produit, quelques questions subsistent : Que doit-il faire avec le

Les gens achètent pour leurs raisons, pas pour les nôtres

Lorsque je travaille à modifier ou à changer la culture de vente dans une entreprise, je passe toujours du temps avec les vendeurs pour observer leur façon de traiter avec les clients. J'ai récemment observé en France un entretien entre un vendeur de maisons mobiles et un couple âgé acheteur à la recherche d'une destination de vacances. À 23 ans, le vendeur, qui en était à ses premières armes dans le domaine, ne manquait pas d'enthousiasme, avait d'excellentes aptitudes relationnelles et démontrait un grand respect pour ces clients qui auraient pu être ses grands-parents. De toute évidence, il s'est dit : « À leur âge, ils ne veulent sûrement pas être dérangés par les bruits d'enfants qui jouent à la piscine et ils recherchent sûrement un endroit calme pour installer leur véhicule. » Il leur a donc montré des endroits calmes, loin du bar et du bruit, et peu ensoleillés, pour ne pas que leur peau soit exposée, afin qu'ils puissent passer des vacances reposantes.

À la fin de la présentation, les deux conjoints hochaient la tête mais ils me semblaient préoccupés par quelque chose. Quand je leur ai demandé ce qu'ils pensaient de cette proposition, ils m'ont répondu qu'ils auraient préféré un endroit plus proche de la piscine et offrant des activités pour enfants, car ils voulaient ce véhicule non seulement pour eux, mais aussi pour inviter leurs enfants et petits-enfants. Ils tenaient à ce que les parents aient leurs marmots à l'œil. Évidemment, le vendeur a changé son fusil d'épaule et leur a montré des endroits qui répondaient à ce qu'ils cherchaient. Dire qu'avec une ou deux questions de plus, nous aurions pu gagner 45 minutes !

client assis devant lui ? Ses besoins sont-ils les mêmes que ceux du dernier client à avoir acheté le produit ? A-t-il même précisé ses besoins ? L'étape de la découverte permet au vendeur de proposer un produit qui correspond à la situation du client.

« C'est l'étape la plus importante du processus de vente, affirme Jan Broll, analyste chez Wilson Learning Worldwide. La valeur de la solution est étroitement liée aux renseignements que donne le client. Notre capacité à démarquer notre produit ou service sur le marché dépend donc de notre capacité à obtenir une information que nos compétiteurs n'ont pas obtenue.»

Les vendeurs qui n'ont pas les habiletés pour découvrir les besoins réels de leurs clients se rendent souvent compte, en général trop tard, qu'ils cherchent des faux-fuyants au lieu d'engager véritablement les acheteurs dans le processus de vente. Ou alors ils s'aperçoivent qu'ils ont voulu imposer des solutions à des clients dans un marché ou la compétition personnalise son offre pour répondre de façon précise aux besoins de la clientèle.

La vente est un domaine où le succès devient de plus en plus difficile. Dans le climat de mondialisation actuel, l'expert en persuasion ou en description de caractéristiques a beaucoup de mal à réussir. La compétition, maintenant planétaire, offre aux clients des choix toujours plus nombreux.

Les prix chutent, et les acheteurs perçoivent moins les différences entre les produits. Internet a aussi supprimé un des avantages des vendeurs. Les clients qui naviguent sur le Net possèdent en effet souvent une information complète sur tous les produits qui s'offrent dans un domaine. Ils sont également plus avertis en tant qu'acheteurs.

Conclusion: ou bien les vendeurs s'arrangent pour devenir plus polyvalents et répondre aux besoins des acheteurs, ou bien ils regardent leurs clients, de plus en plus exigeants, se trouver un autre vendeur.

Rater une vente à cause d'une mauvaise découverte

Fatigué d'enlever et de replacer les contre-fenêtres chaque printemps et chaque automne, j'ai un jour décidé de me procurer des fenêtres en vinyle. En faisant glisser le carreau de droite de haut en bas, il devenait plus facile de remplacer la vitre par une moustiquaire.

L'année suivante, nous avons invité un soir à la maison un représentant des ventes de l'entreprise qui nous avait fourni ces fenêtres. Nous voulions acheter autant de fenêtres de ce modèle que nous le permettaient nos moyens. Si nous ne pouvions toutes les acheter d'un coup, nous étions prêts à effectuer notre achat en deux temps. Le jeune homme qui s'est présenté était bien vêtu et fort poli. Après quelques minutes de discussion, il nous a présenté une affiche. Je lui ai demandé s'il ne préférait pas commencer par voir avec nous ce qui nous intéressait. Il nous a répondu que ce n'était pas nécessaire, puisqu'il allait nous parler des meilleures fenêtres offertes sur le marché et que nous pourrions ensuite faire notre choix.

Cette approche ne me convenait pas. Je voulais qu'il examine les fenêtres en vinyle que nous possédions et qu'il nous parle des modèles similaires. Il a accepté à contre-cœur de jeter un coup d'œil à nos fenêtres. Puis, il a fait sa présentation... à partir du début. J'ai toléré sa façon de faire durant quelques minutes en me disant que nous pourrions simplement choisir celles qui iraient le mieux avec nos fenêtres. Mais la présentation a vite porté sur un modèle que le directeur des ventes devait avoir mis sur la liste des « modèles du mois ».

Quand j'ai fait remarquer que celui-ci était différent du nôtre, le représentant a répondu qu'il s'agissait d'un modèle de qualité supérieure et a voulu nous pousser à en commander pour toute la maison, ce qui impliquait le remplacement des fenêtres de la véranda !

Nous l'avons remercié de sa présentation en lui disant que nous réfléchirions à son offre. Le lendemain, nous sommes allés dans d'autres magasins, avons acheté une douzaine de fenêtres qui s'agençaient avec celles que nous avions déjà et les avons installées. L'année suivante, nous sommes retournés au même endroit et avons commandé les fenêtres qui nous manquaient.

Que révèle cette histoire ? L'absence de besoin et l'absence de solution. Le vendeur n'a pas cherché à découvrir nos besoins particuliers et a fait une présentation qui ne comportait aucune solution appropriée.

— Tom Kramlinger

LES BESOINS CACHÉS

L'étape de la découverte, en permettant au vendeur d'aller rapidement et avec tact au-delà du problème initial du client et d'identifier les besoins ou les problèmes cachés de ce dernier, représente un important avantage concurrentiel. Le client ne pouvait voir ces besoins ou problèmes sans l'aide d'un conseiller.

Par ailleurs, lorsqu'un vendeur aide son client à classer ses problèmes, à en découvrir les causes profondes et à déterminer les liens entre eux, la nécessité d'agir ressort rapidement. Ainsi, même ce qui est « en bon état » peut avoir besoin d'être changé.

Pour lancer son système de communication sans fil Mike, TELUS Mobilité a dépensé des sommes importantes en publicité afin de faire ressortir que son produit représentait une solution mobile complète de communication. Cette société a donc préconisé une approche de vente axée sur le besoin du client et non uniquement sur le produit.

Anne-Marie LaBerge, directrice des communications chez TELUS, a supervisé les stages de formation des vendeurs et des agents. Le personnel avait été bombardé d'informations techniques sur le produit, et ces stages devaient leur inculquer une approche de communication verbale visant les besoins d'affaires des clients.

« Nos vendeurs avaient de l'expérience en vente de produits de télécommunication et percevaient le système Mike comme une solution à un problème. Ils étaient orientés produit. La méthode de découverte de la vente-conseil nous a aidés à mieux analyser et à mieux comprendre le processus opérationnel de nos clients. Elle nous a permis de découvrir certaines situations où il était, par exemple, crucial pour eux de joindre instantanément un camionneur sur la route pour lui demander d'effectuer de toute urgence une livraison. Ce type de réponse rapide améliore le service qu'ils offrent à leurs clients. Nous les aidons ainsi à s'assurer un avantage compétitif. »

Grâce à cette réflexion portant sur les enjeux d'affaires de sa clientèle, TELUS Mobilité a pu dépasser les simples besoins de communication. Le système Mike a rapidement été perçu comme une

> ### Comprendre les sentiments et les attitudes du client
>
> Bill Gove, un vendeur émérite, a déjà dit : « Les bons thérapeutes ont souvent une grande qualité : ils comprennent les sentiments et les attitudes de leurs patients. Les vendeurs seraient peut-être plus efficaces s'ils se préoccupaient moins de leur présentation ou de leur message et tentaient de comprendre davantage la vente. Les vendeurs professionnels donnent au client les raisons pour lesquelles il devrait acheter tout de suite au lieu d'attendre. S'ils sont intelligents, ils lui mentionnent les raisons qui le touchent, lui, et non pas eux. »

solution d'affaires plutôt que comme un simple moyen de communication.

Ce cas diffère de celui du vendeur qui pousse ses clients à lui parler de problèmes qu'ils connaissent déjà. Cette approche ne fait pas partie de la vente-conseil. De nombreuses organisations affirment avoir des vendeurs qui sont des « conseillers » ou qui pratiquent la « vente-conseil ». Mais cela ne correspond, la plupart du temps, qu'à la bonne vieille vente en fonction des besoins.

L'étape de la découverte ajoute une dimension à cette approche. La vente-conseil, ce n'est pas simplement poser des questions pour déterminer des besoins, écouter attentivement des réponses et recommander des produits. Il s'agit d'un processus qui vise à créer un partenariat avec le client dans le but d'examiner ses problèmes et de comprendre ses besoins et possibilités. C'est dans ce cas, et *uniquement* dans ce cas, que le client se rend compte qu'il a une décision d'achat à prendre.

RÉDUIRE L'ÉCART GRÂCE AU « POINT D'ACCORD »

Un moyen pour aider un acheteur à préciser ses problèmes non résolus ou ses besoins insatisfaits — dont il n'est peut-être pas conscient — consiste à évaluer l'écart entre sa situation actuelle et la situation désirée.

Sous la rubrique «Situation actuelle», on note la situation vécue, les antécédents, les problèmes de l'unité ou de l'organisme et leurs causes profondes, ainsi que les conséquences de ces problèmes. Sous «Situation désirée», on indique la situation que veut atteindre l'acheteur, les changements espérés, les améliorations ou l'avantage concurrentiel que lui permettra l'achat, ses motivations personnelles ou techniques, etc.

Le rôle du conseiller n'est pas de répéter au client que sa situation actuelle ne correspond pas à la situation désirée, mais de travailler à combler l'écart entre les deux.

Un vendeur peut réussir à définir la situation actuelle du client et celle qu'il désire atteindre, mais être incapable d'éclaircir suffisamment l'écart entre les deux ou le problème de l'acheteur. À l'étape de la découverte, il peut poser une des questions suivantes : «Pourquoi la situation actuelle diffère-t-elle de la situation désirée ? » ou «Qu'est-ce qui vous *empêche* d'obtenir ce que vous voulez ? »

Il saura ainsi mieux préciser le véritable problème que doit surmonter l'acheteur et définir ce qu'il faut ensuite faire. Bon nombre de vendeurs croient qu'il suffit de découvrir les situations actuelle et désirée pour satisfaire les clients. Ils sont ensuite étonnés de se faire dire : «Nous n'avons pas le budget pour cela», «Le directeur des finances n'approuvera pas cela» ou «La culture de l'entreprise ne le permet pas. » Le vendeur qui comprend ce qui *accentue* un écart saura comment l'*amenuiser*.

Le principal moyen de déterminer ce genre d'écart est le point d'accord, écrit ou verbal (voir le modèle en page 54). Il s'agit d'un élément essentiel de la vente-conseil. Cet accord résume la situation actuelle du client et celle qu'il désire, et confirme que le vendeur maîtrise ses besoins. La confirmation et l'acceptation de l'acheteur donnent le feu vert à l'adoption d'une solution.

Le point d'accord n'est **ni un contrat ni une proposition.** Il résume la façon dont le vendeur (et, avec un peu de chance, le client)

L'écart : ce qui empêche les acheteurs d'obtenir ce qu'ils désirent

L'**écart** résulte de l'environnement de l'acheteur : budget, priorités, politique, culture d'entreprise, bonne volonté, conditions du marché, etc.

Situation actuelle

Antécédents

Problèmes, causes

Impact, conséquences

Degré de satisfaction

Conditions et rôles de l'achat

É C A R T

Situation désirée

Changements, améliorations

Avantages, gains

Degré supérieur de satisfaction

Motivations personnelles

Motivations techniques

Le **point d'accord** résume la situation actuelle de l'acheteur et celle qu'il désire. Il confirme aussi que le vendeur comprend le problème de ce dernier, c'est-à-dire l'écart entre les deux situations.

comprend les problèmes et les besoins. Les points d'accord ne contiennent aucune précision sur l'approche à préconiser pour résoudre un problème.

Une des erreurs que commettent les vendeurs est de présenter une définition du problème et de proposer une solution en même temps. Cette façon de faire empêche le client d'approuver la définition du problème et lui donne l'impression que la solution n'est qu'une autre recommandation.

Ne soyez pas déçu si un client n'approuve pas immédiatement votre résumé. Estimez-vous plutôt heureux de ne pas avoir effectué une présentation fondée sur une compréhension incomplète de son problème. Un désaccord est parfois aussi important qu'un accord.

À mesure que l'acheteur et vous corrigez et peaufinez le point d'accord, il sera de plus en plus soucieux de vous fournir des précisions sur son problème et de plus en plus convaincu de l'importance de le résoudre. Il est même bon qu'il ait l'impression, en bout de ligne, d'avoir lui-même écrit le point d'accord.

Nous avons observé une mise en application très intéressante du point d'accord lorsque nous avons agi à titre de conseillers pour Transcontinental Distribution, une entreprise qui distribue le Publi-Sac. Celui-ci, qui contient des prospectus, est distribué dans presque tous les foyers du Québec.

Les représentants des ventes de Transcontinental Distribution préparaient des présentations génériques pour leurs clients et, même si celles-ci menaient la plupart du temps à une vente, l'entreprise cherchait à les rendre plus efficaces et plus professionnelles. En accompagnant les vendeurs, nous avons remarqué que, même si leurs recommandations correspondaient aux besoins des acheteurs, ces derniers doutaient souvent de leur fondement.

Pouvoir résumer les situations actuelle et désirée d'un client démontre que le vendeur écoute bien. Ce fait est devenu de plus en plus important pour un des vendeurs, qui m'a envoyé une lettre me disant que ses présentations étaient mieux structurées et plus faciles à comprendre. Plus il utilisait le point d'accord pour résumer la découverte, moins il rencontrait de la résistance, car lui et ses clients étaient alors sur la même longueur d'onde.

LE MOTEUR DE LA DÉCOUVERTE : L'ART DE POSER DES QUESTIONS

Pour définir un point d'accord, il faut que le client participe au processus et que le vendeur sache poser des questions. Pour cela, il doit posséder certaines compétences, lesquelles ne sont pas innées. Ceux qui savent poser des questions ont appris et ont peaufiné cet art.

Pour obtenir un bon point d'accord, vous ne devez pas seulement découvrir les préférences ou les besoins d'achat des dirigeants d'une organisation. Vous devez aussi interroger, subtilement ou ouvertement, les employés qui ont une influence sur les décisions d'achat

Point d'accord écrit — Nicolas Hébert

Monsieur Taillefer,

Je tiens tout d'abord à vous remercier du temps que vous m'avez accordé et des renseignements que vous avez partagés. J'aimerais maintenant éclaircir certains points afin de m'assurer que je comprends bien votre situation.

Situation actuelle

- Votre compagnie a connu une croissance rapide et vos tâches font de vous une personne débordée. Vous n'avez donc pas le temps de réfléchir aux besoins en matière de collations et de boissons de vos employés.

- Pour le moment, votre entreprise n'a aucun service officiel de cantine. Pour leurs collations, les employés doivent se rendre au casse-croûte de l'autre côté de la rue. Pour les boissons, chaque bureau s'organise.

- Cette façon de faire ne fonctionne pas toujours très bien, et il arrive que les employés se chamaillent pour savoir qui préparera le café.

- Le temps que prennent vos employés pour aller au casse-croûte (durant les heures de travail) vous préoccupe.

Situation désirée

- Vous tenez au bon fonctionnement de votre équipe, surtout durant les périodes où un nouveau produit est lancé.

En réponse à cette préoccupation :

1. Vous cherchez des moyens pour que les employés gagnent du temps et améliorent leur rendement.

2. Vous aimeriez qu'ils sentent que l'entreprise s'occupe d'eux.

J'espère avoir bien saisi les points importants de notre discussion. N'hésitez pas à apporter les corrections ou les ajouts nécessaires.

Étape suivante (proposition)

Considérant ce que vous m'avez dit, j'aimerais rencontrer Marie pour savoir ce qu'elle et les autres employés attendent d'un service de cantine. J'aimerais ensuite vous rencontrer pour discuter des éventuelles options.

Je crois que notre entreprise peut vous aider à offrir à vos employés des collations et des boissons chaudes et froides, non seulement pendant les périodes normales de travail, mais aussi durant les périodes d'activité intense.

Je communiquerai avec vous mardi après-midi pour que nous revoyions ensemble ces différents points et que nous fixions un rendez-vous.

Nicolas Hébert
Directeur des comptes

(vous apprendrez comment faire affaire avec ces «agents d'influence» aux pages 62 à 64). Une bonne recherche et un bon travail de découverte diminuent les risques d'embûches que pourraient vous tendre ces personnes.

Les acheteurs et les agents d'influence ayant leurs antécédents propres et leurs motivations, vous avez tout intérêt à leur poser différents types de questions pour recueillir de précieux renseignements et traiter le sujet à fond. Voici quelques types de questions utiles.

La demande de permission

Vous pouvez simplement demander: «Puis-je vous poser quelques questions sur votre entreprise?» Si la réponse est positive, vous avez la permission d'entreprendre la découverte.

Les questions objectives

Il s'agit, en les posant, d'obtenir les réponses aux questions «qui?», «quoi?», «où?», «quand?» et «combien?». Cela vous permet ensuite de brosser le portrait des activités du client et d'arrêter votre stratégie de vente. Comme, en général, ces questions causent peu de tension, beaucoup de vendeurs les considèrent comme un bon moyen d'amorcer un entretien.

Imaginons, par exemple, que vous vendiez des chariots élévateurs, que l'on utilise sur les chantiers de construction. Voici certaines questions objectives que vous pourriez poser.

- En général, combien de chantiers sont en activité en même temps? Et combien de jours, en moyenne, avez-vous besoin de chariots élévateurs pour chacun?
- Habituellement, est-ce que vous louez ou achetez ces chariots?
- Faites-vous appel à des employés à temps plein ou à des contractuels pour les conduire? Quand avez-vous recours aux services des uns et des autres?
- Le service d'entretien des chariots est-il assuré à l'interne ou à l'externe?

Même si la plupart de ces questions portent sur la situation actuelle de l'entreprise, vous aurez aisément une idée de la situation désirée en comparant les données que vous obtiendrez avec ce qui se fait dans l'industrie ou avec les performances antérieures de l'entreprise.

Les questions subjectives

Les questions objectives donnent en général des réponses courtes contenant des données mesurables et vérifiables. Les questions subjectives, elles, portent sur ce que le client ressent et pense de sa situation ; elles concernent ses besoins, ses désirs et ses attentes.

Un savant mélange de questions objectives et subjectives peut constituer un très bon moyen d'amener le client à considérer certaines évidences en l'aidant à mettre au jour des problèmes ou des possibilités.

Le vendeur de chariots peut ainsi poser les questions subjectives suivantes.

- Quelles sont vos impressions au sujet de la qualité de votre équipement ?
- Que diriez-vous de réduire de moitié vos frais de réparation ?
- Que pensez-vous de votre programme d'entretien ?

Notez l'emploi des termes « impressions » et « penser », qui permettent de définir les valeurs, les opinions et les croyances de l'acheteur.

Le mieux/le moins

Un autre moyen de connaître la situation actuelle d'un client est de lui demander ce qu'il aime le mieux et le moins dans cette situation. Examiner les extrêmes est une bonne façon de déterminer la différence entre ce qu'un client potentiel a et ce qu'il désire.

Cela est particulièrement efficace si vous vendez un produit similaire à celui que le client utilise déjà. Si vous avez l'impression qu'il ne veut rien modifier, même si cela est nécessaire, vous pouvez insister sur les extrêmes pour qu'il se rende compte de la situation.

Il est en outre plus judicieux de poser d'abord les questions positives — ce que le client aime le mieux —, puisque les réponses portent

Mélange de questions objectives et subjectives

Questions objectives	Questions subjectives
Quel type d'appareil utilisez-vous en ce moment ?	Quel type d'appareil aimeriez-vous avoir ?
Combien d'unités produit-il par jour ?	Combien d'unités devrait-il, selon vous, produire par jour ?
À quelle fréquence l'entretien doit-il être fait ?	Quel serait le meilleur programme d'entretien, selon vous ?
Qui le fait fonctionner ?	Quelle est votre principale préoccupation en matière de main-d'œuvre ?
Cet appareil a-t-il parfois des ratés ?	Quelle est la principale raison du temps d'immobilisation ?
Combien coûtent les réparations ?	Que diriez-vous de voir vos coûts de réparation réduits de moitié ?
Quel est votre temps d'immobilisation ?	Selon vous, comment le temps d'immobilisation pourrait-il être réduit ?
Allez-vous respecter l'échéance du contrat ?	À quel point est-il important pour vous de respecter l'échéance du contrat ?
Qui est responsable du système ?	Qui aimeriez-vous voir comme responsable du système ?
Quel contrôle avez-vous maintenant ?	Quel type de contrôle aimeriez-vous avoir ?
À quel point le système est-il visible ?	À quel point la visibilité est-elle importante pour vous ?
Qui d'autre s'en occupe ?	Que diriez-vous d'être le premier ?
Que disent les autres à ce sujet ?	À quel point désirez-vous leur accord ?
Qui blâment-ils lorsque cela se produit ?	Qui aimeriez-vous les voir blâmer ?
Avez-vous conçu cela vous-même ?	Quelle devrait être votre participation au nouveau design ?
Quel type de réaction obtenez-vous ?	À quel point la réaction doit-elle être parfaite ?

alors sur le rendement que la solution doit permettre d'atteindre ou de dépasser. Ainsi, le vendeur de chariots élévateurs pourrait demander : « Qu'est-ce que vous aimez le mieux dans votre flotte actuelle de chariots ? » Il ajouterait ensuite : « Qu'est-ce que vous aimeriez pouvoir changer dans cette flotte ? »

La baguette magique

Tout le monde a le droit de rêver. Les rêves concernent d'ailleurs souvent la situation désirée. Par conséquent, demandez à vos clients potentiels quelles modifications ou améliorations ils effectueraient s'ils n'étaient soumis à aucune restriction en matière de budget, de temps, de politique organisationnelle, etc. La technologie évoluant rapidement, il est possible que vous disposiez déjà d'une solution qui leur permette de réaliser un ou plusieurs de leurs rêves.

Les questions fourre-tout

Ces questions incitent un client à compléter le tableau de sa situation et à découvrir des préoccupations ou des enjeux auxquels le vendeur n'a pas pensé. Par exemple : « Y a-t-il un autre aspect de votre mode de fonctionnement que je devrais connaître ? Y a-t-il une chose dont j'aurais dû vous parler et que j'ai oubliée ? »

DEUX OREILLES, UNE BOUCHE : L'IMPORTANCE DE BIEN ÉCOUTER

Comme nous venons de le voir, il faut savoir poser de bonnes questions pour que l'étape de la découverte soit fructueuse. Ces compétences ne servent cependant à rien si l'on ne sait pas éclaircir et approfondir les propos du client. Il est essentiel de savoir écouter. Le vendeur qui développe ces habiletés obtiendra des réponses à des questions auxquelles il n'avait même pas pensé.

Un conseiller doit davantage écouter que parler. Nous l'avons dit, les gens adorent acheter, mais craignent de se faire vendre. Pour eux, un vendeur qui « parle » essaie de leur vendre quelque chose. Ils achètent plus volontiers à celui qui les « écoute ».

Selon certaines études de Wilson Learning Worldwide, la deuxième plus importante qualité d'un vendeur est de savoir écouter. Elle arrive tout juste après la connaissance du produit. Mais l'écoute, en raison des normes culturelles, des lacunes dans l'éducation et du rythme de la vie moderne, est une chose difficile à maîtriser.

Avec un client, nous devrions toujours nous intéresser uniquement à la discussion qui a cours, et non penser à la question suivante, à la visite que nous rendrons à un autre acheteur ou à la réunion que nous aurons avec notre directeur commercial. L'esprit de la plupart d'entre nous vagabonde lorsqu'un acheteur tente de définir ses besoins, ses difficultés ou ses impressions.

Il faut faire un effort pour prêter attention à ce que dit le client. Et il est possible de devenir plus attentif en modifiant son style d'écoute. Un bon auditeur est comparable à un technicien radariste : il doit tout écouter et se concentrer sur les besoins du client pour se rapprocher de la zone d'intérêt que chaque énoncé lui permet de cibler. Voici, à cet égard, quelques techniques.

- Reformulez les principaux commentaires du client. Par exemple : « Ce que vous dites, c'est que… », « Autrement dit, vous… » ou « Voyons si je comprends bien… » Mais n'utilisez cette technique qu'avec parcimonie, car elle peut avoir l'air artificielle. Réservez-la pour résumer un point important ou conclure la discussion.
- Posez des questions qui tendent à clarifier les propos de l'acheteur. Ces questions de « vérification », qui suivent souvent une reformulation, servent à confirmer que vous avez bien compris une information. Par exemple : « Vous me dites que vous allez licencier 20 % des travailleurs de la production ? », « La productivité est donc un de vos principaux objectifs, c'est ça ? », « Peut-on supposer que… ? »
- Lorsque vous posez une question, surtout une question subjective, laissez le client répondre. S'il fait une pause, encouragez-le à continuer. Résistez à la tentation de l'interrompre ou d'embellir ses

propos. Vous conclurez plus de ventes en demeurant attentif qu'en tentant de brosser un portrait persuasif de la situation.

- Adoptez une posture qui suggère que vous êtes attentif : maintenez un bon contact visuel, gardez vos bras dépliés, penchez-vous légèrement vers votre interlocuteur et hochez de temps en temps la tête.
- Pour demeurer concentré sur la conversation, ne prenez qu'un minimum de notes.

Si nous menions une enquête auprès des vendeurs du monde entier et les invitions à effectuer sur-le-champ une visite à un client, nous verrions que 50 % n'ont aucune idée des questions à poser à ce client, que 40 % en ont une idée générale et que 10 % en ont une bonne idée. Nous découvririons en outre que, de ces 10 %, seul le dixième possède déjà une liste de questions écrites.

Et vous, où vous situez-vous ? Pourquoi ne pas préparer une liste de questions objectives et subjectives ? Vous pourriez l'avoir avec vous en tout temps et l'adapter ou la modifier en fonction de chacun des clients que vous rencontrez.

NE PAS NÉGLIGER LES AGENTS D'INFLUENCE PENDANT LA DÉCOUVERTE

À mesure que progresse la recherche des faits qui vous permettront d'établir l'écart entre les situations actuelle et désirée d'un client potentiel, vous découvrirez qu'un nombre croissant de personnes dans l'organisation peuvent orienter la décision d'achat.

Il est possible que vous ne fassiez affaire qu'avec un décideur mais, dans les situations complexes ou les grosses transactions, vous devrez composer avec plusieurs agents d'influence. Certains seront des joueurs secondaires, qui vous fourniront un renseignement avant de disparaître. D'autres, par contre, auront leur mot à dire dans la décision de vous accorder ou non un contrat de vente. Et, tout comme dans une troupe de théâtre, leur rôle changera suivant la nature et la mise en scène de la transaction.

C'est à vous de trouver qui sont les agents d'influence et quel est leur rôle. N'oubliez pas que vous devrez passer du temps avec eux à l'étape de la découverte. Vous aurez à gagner leur confiance et à découvrir ce qu'ils pensent des besoins de l'entreprise.

Afin de déterminer le poids décisionnel de ce groupe, ajoutez certaines questions à votre liste. En voici quelques-unes.

* Quel rôle jouez-vous dans la sélection des nouveaux produits ou services ?
* Qui d'autre participe à la prise de décision ? Quelle place cette personne occupe-t-elle dans l'entreprise ?
* Combien de ces personnes devront approuver la solution proposée ?
* Qui supervise l'utilisation du produit ou du service ?
* Des consultants participeront-ils à la prise de décision ?
* Dois-je parler à d'autres personnes pour avoir une idée des besoins de l'entreprise ?

Beaucoup de vendeurs jugent qu'il est crucial, pour déterminer les responsabilités de chacun, d'obtenir (ou de créer) un organigramme de l'entreprise. De nombreuses sources peuvent fournir ce genre de renseignements : les clients, les employés ou des tiers qui connaissent bien l'organisation.

Il est important de savoir qui influe sur la décision, de quelle façon et à quel degré. Bref, il faut avoir une bonne idée de la politique de l'entreprise. Il peut donc être judicieux de demander ce qui suit à un employé avec qui on a établi une relation de confiance.

* Qui écoute qui ?
* Quelles personnes ont le plus de poids au moment de la prise de décision ?
* Comment s'entendent-elles ?

Prêtez attention aux agents d'influence cachés. Par exemple, lorsque les entreprises ont commencé à se brancher à Internet, beaucoup de cadres supérieurs se sont tournés vers leurs enfants pour obtenir des conseils.

Notre vendeur de chariots élévateurs, quant à lui, pourrait, en se renseignant, découvrir qu'il doit vendre son idée à certains travailleurs de première ligne, qui ont une grande influence auprès des contremaîtres du comité d'achat. Après tout, ce sont eux qui utilisent les chariots.

Il existe plusieurs moyens, en demeurant à l'affût d'indices, de découvrir les agents d'influence cachés et de gagner leur appui. En voici quelques-uns.

- La personne avec qui vous êtes en contact nomme-t-elle souvent de manière informelle certaines personnes qui semblent avoir de l'influence ?
- Trouvez-vous souvent le même collègue ou ami dans le bureau de votre client lorsque vous allez le rencontrer ?
- Le client change-t-il brusquement de direction après avoir demandé des précisions ou un complément d'information ?

Si vous soupçonnez la présence d'un agent d'influence caché, demandez franchement à votre client s'il a de nouveaux conseillers. N'ayez pas l'air surpris. Dites-lui qu'il est tout à fait naturel de chercher conseil auprès d'autres personnes, puis tentez d'en savoir le plus possible sur ce nouveau joueur. S'il y a lieu, demandez si vous pouvez le rencontrer ou lui faire parvenir de l'information.

Même si les conseils de cet agent vous paraissent peu judicieux, ne le critiquez pas. Il peut s'agir d'un ami proche du client ou d'un de ses enfants. Tout signe de frustration ou manque de respect à son égard pourrait ruiner la confiance que vous avez eu tant de mal à obtenir.

Résister à la tentation de faire une présentation de vente

Nous savons que, pour découvrir les difficultés ou les problèmes particuliers d'un client, il faut lui poser les bonnes questions. Mais que faire s'il se montre réticent à répondre et cherche à passer rapidement à la présentation ? C'est un problème, mais il n'est pas insurmontable.

Lorsqu'un client met la charrue avant les bœufs en demandant « Combien coûte ce produit ? » ou « Expliquez-moi précisément comment il fonctionne », vous pouvez être tenté de vous lancer dans la description de votre produit. Ne succombez pas.

Si vous effectuez une présentation de vente, vous vous donnez le premier rôle au mauvais moment. À ce stade du processus, c'est le client qui doit tenir ce rôle. Vous ne pourrez rien découvrir si vous vous empressez de parler. Vous en apprendrez davantage en écoutant.

« Si je ne prends pas d'abord le temps de savoir ce qui compte pour l'acheteur, mon histoire ne mènera nulle part, affirme Sara Wuest, représentante du fabricant californien de superordinateurs Silicon Graphics. Je ne vendrai rien si le client ne sait pas quels sont ses besoins. Pour les comprendre, je dois le considérer comme un être humain et l'écouter. »

Voici deux énoncés qui vous permettront de rétablir la bonne marche d'une entrevue si un client vous pousse à faire une présentation :

— Croyez-moi, j'ai hâte de vous parler de mon produit, car je pense qu'il vous aidera à résoudre votre problème, mais j'aimerais auparavant vous demander quelle est la durée de vie moyenne de vos (ici, nommez le produit ou le service que vous vendez).

— Vous savez, M. Labelle, l'efficacité de notre système dépendra grandement, pour vous, de votre façon de l'utiliser et des options dont vous aurez peut-être besoin. Alors, avant que je fasse ma présentation, vous pourriez peut-être m'expliquer brièvement comment vous procédez en ce moment.

DES PIÈGES À ÉVITER

Les points d'accord sont des documents importants. Ils peuvent être utilisés à bon ou à mauvais escient. Voici **3 tentations** auxquelles il faut résister lorsqu'on a entre les mains l'accord de découverte d'un client.

1. « *Je possède un renseignement que vous n'avez pas.* » Il ne faut pas utiliser le point d'accord pour avoir accès à d'autres décideurs de l'entreprise. Beaucoup de vendeurs naïfs (ou désespérés) s'en servent pour attirer l'attention de hauts dirigeants en leur promettant de leur révéler des problèmes internes.

   Une telle façon de faire se retourne souvent contre le vendeur, puisqu'elle suggère que ce dernier ne craint pas de trahir la confiance de son informateur. Le vendeur et son entreprise risquent alors d'être considérés comme des parias.

2. « *Vous avez énormément de problèmes.* » Il peut être tentant de cibler dans un point d'accord les défauts d'une entreprise — après tout, plus il y en a, plus la solution que l'on propose a du poids. Mais aucun chef de service n'aime se faire dire qu'il existe des lacunes dans le service qu'il dirige, même si celles-ci sont réelles.

   Il importe de présenter une image équilibrée et positive, sinon le décideur sera sur la défensive. À cet égard, il est bon d'utiliser de temps en temps certaines formules rassurantes, comme « Ce problème existait aussi dans telle compagnie », ou de souligner les forces de l'entreprise en disant, par exemple, « L'industrie reconnaît que vous êtes un chef de file dans ce domaine. »

3. « *Hé, vous avez vu comme c'est intéressant !* » Les documents de découverte renferment quantité de renseignements sensibles, même s'il n'est pas toujours aisé de les lire. Ne faites jamais preuve de négligence sur ce point. Par exemple, ne communiquez aucun renseignement d'un point d'accord à des collègues d'autres entreprises, peu importe la confiance que vous avez en eux.

LES RAISONS D'ACHETER :
MOTIVATIONS PERSONNELLES ET TECHNIQUES

Chaque client a une raison d'acheter qui l'emporte sur les autres. On a tendance à croire que la plupart des décisions d'affaires se prennent en fonction de faits indiscutables et répondent à des motivations logiques ou pratiques. Cependant, si vous exercez le métier de vendeur depuis un certain temps, vous savez que ce n'est pas toujours le cas. Dans chaque achat, qu'il s'agisse d'un jean ou d'un système de télécommunication, entre une certaine part d'irrationnel.

Il peut être difficile de cibler la raison d'un achat. Demandez à quatre personnes ayant acheté le même produit pourquoi elles l'ont choisi et vous obtiendrez sans doute quatre réponses différentes. Il demeure toutefois primordial, si l'on veut définir une bonne stratégie de vente, de trouver les raisons pour lesquelles un client pourrait vouloir acheter.

Examinons d'abord les motivations rationnelles, que nous appellerons « motivations techniques ». En général, elles ont trait à la productivité ou sont liées à des considérations financières. À mesure que vous progressez dans la découverte, vous entendez les acheteurs discuter de **4 motivations** :

- l'augmentation des profits ;
- la réduction des coûts ;
- l'amélioration de la productivité ou de la qualité ;
- la nécessité de gagner du temps.

Le défi du vendeur-conseil consiste à découvrir laquelle, de ces quatre motivations techniques, est la plus importante. Bien sûr, il arrive que certains acheteurs aient plusieurs raisons d'acheter. Mais, d'habitude, une seule domine.

Quant aux motivations personnelles, souvent liées à l'ego, elles peuvent être plus difficiles à cerner. La plupart des gens tentent de les passer sous silence et ne les mentionnent que rarement de façon directe. On a alors l'impression que seules comptent les motivations techniques. Mais les gens achètent aussi avec leur cœur.

Motivations d'achat et intérêts personnels

Motivations et intérêts techniques

Les motivations techniques sont les raisons logiques et pratiques d'effectuer un achat.

- Meilleur résultat
  ou meilleure qualité
  Le prix est-il bon ?
  Est-ce le meilleur produit ?

- Réduction des coûts

  Économiserons-nous de l'argent ?
  Gagnerons-nous du temps ?

- Moins d'efforts
  Le produit ou le service nous
  sera-t-il utile ?

- Augmentation des profits
  Ferons-nous de l'argent ?

Motivations et intérêts personnels

Les motivations personnelles correspondent aux préférences
qui poussent un individu à faire un achat.

- Respect

  Expertise
  Recherche
  Mise à jour

- Pouvoir

  Contrôle
  Décisions
  Options

- Approbation

  Popularité
  Risque faible
  Pas de conflits

- Reconnaissances

  Visibilité
  Distinction
  Leadership

Il est donc important de cerner les raisons affectives d'un achat, même si on a l'impression de ne pas posséder toutes les qualités nécessaires pour s'occuper de questions aussi ambiguës. Avec certaines connaissances de base, on peut néanmoins creuser sous la surface et réussir à aider les clients à découvrir les forces qui les motivent, à comprendre celles-ci et à leur donner suite.

En général, on trouve quatre types de motivations personnelles derrière un achat.

Le respect

Les acheteurs motivés par le respect sont souvent des techniciens. Ils aiment être considérés comme des « experts » et donner l'impression qu'ils prennent des décisions éclairées. Ils s'intéressent aux recherches indépendantes, aux données comparatives sur les produits et aux renseignements techniques.

Un client de ce type pourra, par exemple, décider d'acheter de nouveaux appareils pour un laboratoire parce que des études sérieuses indiquent qu'ils exploitent une meilleure technologie.

L'approbation

Bon nombre de décideurs ont besoin de plaire à leur entourage et font leurs achats dans ce but, peu importe qu'un produit concurrent soit moins cher ou corresponde davantage aux besoins de l'entreprise.

Ils ne veulent pas que leurs achats bouleversent le *statu quo* ou créent la controverse. Ils n'aiment pas les risques ni les conflits, et au fur et à mesure qu'approche le moment de prendre une décision d'achat, ils demandent à de plus en plus de personnes de participer aux rencontres avec le vendeur.

Le pouvoir

Les clients potentiels pour qui ce motif est important s'intéressent aux idées qui augmentent leur liberté d'action et leurs responsabilités. Ils aiment les approches et les caractéristiques qui promettent des prises de décision plus rapides ou une plus grande efficacité.

Quelle est la véritable motivation ?

Entre dresser une liste de motivations d'achat et déterminer laquelle de ces motivations influe le plus sur le comportement d'un client, il y a parfois une marge importante. L'anecdote suivante illustre ce fait.

Le président d'une petite agence de publicité très créative était en lice pour l'obtention d'un contrat auprès d'un gros concessionnaire automobile. Après avoir étudié avec soin le dossier, le président a monté avec l'aide de ses employés une campagne originale qui tablait sur la réputation du concessionnaire en mettant l'accent sur l'important volume de ventes de ce dernier.

C'est avec une certaine surprise que le président a bientôt appris que l'offre de son agence n'avait pas été retenue. Mais il a été estomaqué par l'approche qu'avait adoptée l'agence choisie. Chaque publicité — à la télévision, dans le journal et à la radio — mettait en vedette Monsieur-le-concessionnaire. « Je savais que l'homme avait tout un ego, a affirmé le président de la petite agence, mais je ne savais pas qu'il était prêt à dépenser de l'argent pour le satisfaire. »

L'agence concurrente avait compris la principale motivation du concessionnaire : la reconnaissance personnelle. Certes, il était important pour ce dernier d'augmenter les ventes et les profits de son entreprise, mais il pensait aussi à l'avenir. Il comptait en effet briguer un important poste dans la fonction publique l'année suivante et, pour cela, il voulait que le public puisse reconnaître son nom et son visage.

Par exemple, un acheteur motivé par le pouvoir qui a l'impression que les services de son entreprise ont des politiques d'achat ou de contrôle des stocks conflictuelles sera ouvert aux produits, aux systèmes ou aux idées qui lui permettraient de ramener ces politiques sous son seul contrôle. Il aime parler de « situation prise dans son ensemble ».

La reconnaissance

Ces décideurs veulent que leurs achats profitent à l'entreprise ou à leur unité de gestion pour qu'ils puissent en retirer toute la gloire. Ils considèrent un achat comme un pas vers une plus grande visibilité et comme leur chance de se faire remarquer. Ils prennent des risques et sont prêts à faire l'essai d'un produit novateur.

Ces acheteurs aiment parler des récompenses qu'ils ont reçues, des conférences qu'ils ont données et des personnalités qu'ils ont rencontrées. Ils conservent souvent leurs prix et leurs diplômes dans leur bureau.

ET MAINTENANT, LA MÉTÉO...

Bien des circonstances particulières peuvent orienter une décision d'achat. Certaines sont prévisibles, d'autres sont aussi capricieuses que la météo.

En général, les influences internes sont prévisibles et contrôlables. Parmi celles-ci, citons les processus et protocoles internes de prise de décision et les spécifications touchant les produits : prix, caractéristiques, conditions de livraison, etc.

Par ailleurs, certaines organisations ont des politiques et des normes précises sur le taux de rendement du capital investi. Elles s'attendent donc à ce que chaque achat ou investissement donne un rendement déterminé. Quelques questions peuvent vous aider à cerner les influences internes.

- Quelles procédures d'achat suivez-vous à l'interne ?
- Y a-t-il des normes pour ce produit dans votre organisation ? Vos relations avec les fournisseurs sont-elles régies par des pratiques, des codes ou des règlements nationaux, régionaux ou locaux ?
- Des études doivent-elles être faites avant que ce type de décision soit prise ? Faut-il déposer une soumission ?
- Une fois que toutes les divisions se sont entendues, qui prend la décision finale ?

Il est beaucoup plus difficile d'avoir prise sur les influences externes que sont la situation économique, les fusions, les tendances de l'industrie, les conventions collectives, les groupes de défense des consommateurs, etc. Mais les ignorer peut saper bien des efforts.

Vous devez prêter attention aux tendances et aux développements qui, survenant dans une entreprise, une industrie ou l'économie, peuvent représenter un problème. Voici, à cet égard, quelques conseils.

- Lisez des publications ou des revues spécialisées.
- Consultez les rapports trimestriels et annuels de l'entreprise de votre client ou du client potentiel.
- Renseignez-vous périodiquement sur les chefs de l'industrie.
- Tenez-vous au courant des rumeurs qui circulent sur l'entreprise ou l'industrie en parlant avec des gens du milieu.

Ces renseignements vous éviteront des maux de tête et amélioreront votre crédibilité. Au surplus, vos clients sauront que vous avez fait votre travail si vous leur posez les questions suivantes.

- Quelle influence la fusion envisagée avec la compagnie ABC aura-t-elle sur l'approbation de cette commande ?
- Comment votre entreprise s'est-elle adaptée à la technologie numérique qui a été implantée dans l'industrie ?
- Je crois comprendre qu'il y a une pénurie de main-d'œuvre dans votre industrie. En quoi cela nuit-il à votre productivité ou à votre service à la clientèle ?

4 | L'argumentation, la présentation et la conclusion

SECTION 1 : LES FONDEMENTS DE L'ARGUMENTATION

Qu'ont en commun le photocopieur, les autocollants Post-It, les ordinateurs de bureau et les voyages en avion ? Tous ont été considérés comme peu pratiques, voire sans intérêt, au moment de leur développement. On jugeait que peu d'entre eux surclasseraient les produits ou services existants.

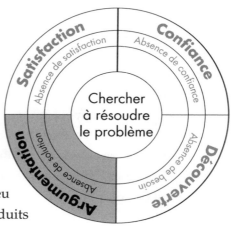

Comment ces produits et services révolutionnaires ont-ils réussi à s'imposer ? Grâce à de chauds partisans, qui ont été capables d'amener les consommateurs à les considérer comme des solutions nouvelles à des problèmes réels, et parfois cachés, et non comme de simples innovations parmi d'autres.

Les nouveaux produits, surtout ceux qui remettent en question le *statu quo,* sont presque toujours accueillis avec scepticisme et suscitent une forte résistance. Qui aurait cru qu'une colle « qui ne colle pas vraiment » finirait par devenir l'élément clé des Post-It ?

Mais Spencer Silver et Art Fry, inventeurs chez 3M Corporation, étaient des passionnés. Ils ont fabriqué des blocs-notes et les ont distribués après avoir décidé d'utiliser un papier jaune, plutôt que blanc, pour que les gens les remarquent et en demandent. Toute nouvelle idée ou approche a besoin d'un ardent défenseur. Si vous avez un produit ou un service de ce genre à vendre, la question est de savoir qui en sera le meilleur défenseur.

Les vendeurs ont besoin de croire en leurs produits, mais ils ne peuvent être les seuls à les défendre pour en faire la vente. Ils doivent amener les clients à devenir les défenseurs des solutions qu'ils proposent. Cela se produit naturellement si le client fait confiance au vendeur et si ce dernier comprend bien les besoins de celui-ci.

Si l'établissement de la confiance et la découverte peuvent permettre de réaliser une vente, l'étape de l'argumentation est essentielle pour que le travail soit mené à bonne fin. Même si le client est à l'aise et si le vendeur est certain de comprendre les besoins de celui-ci, la vente n'aura pas lieu si le client n'éprouve pas le besoin irrésistible d'acheter. On se rappellera que « l'absence de besoin » est le troisième obstacle à surmonter dans le processus de la vente-conseil.

Dans un contexte de mondialisation, l'argumentation devient décisive. Les clients, bombardés d'information, savent qu'ils ont le choix. Nombre de solutions, proposées par différents vendeurs, peuvent résoudre leurs problèmes techniques ou administratifs.

Par ailleurs, de nombreux acheteurs et agents d'influence participent souvent à la décision. Certains agents peuvent estimer qu'il existe une autre solution, meilleure, moins chère, plus rapide à appliquer et plus complète que celle que vous proposez. Par conséquent, c'est à vous de prouver sans l'ombre d'un doute que votre offre est la plus avantageuse.

Cela ne signifie pas qu'il faille tenter de transformer tous les « non » en « oui ». Un vendeur-conseil ne doit pas chercher à vendre à un client un produit qui ne lui convient pas. Si son produit ou service répond à un besoin réel, il doit seulement éviter, pendant l'argumentation, que le client se tourne vers un compétiteur.

La meilleure solution

« Je ne peux pas dire que leurs produits soient une aubaine, mais je sais ce que j'obtiens lorsque j'achète chez eux. Ils ne m'ont jamais laissé tomber. »

« Ils comprennent notre façon de faire des affaires. Quand ils me vendent quelque chose, je sais que je n'ai pas à m'inquiéter. »

Ces commentaires ont été formulés par des clients qui étaient convaincus que leurs fournisseurs leur offraient la *meilleure* solution à leurs problèmes. Pas nécessairement la moins chère, la plus sophistiquée technologiquement, ni la plus tape-à-l'œil, mais la meilleure. Et la meilleure, c'est celle qui est efficace, même si elle n'est pas parfaite. C'est celle qui s'adapte le mieux à l'environnement du client, respecte ses priorités et satisfait ses besoins tels qu'il les perçoit.

La meilleure solution est multifactorielle ; certains de ses avantages ont trait aux caractéristiques du produit, d'autres au service, à la livraison, au coût, au soutien technique, etc. La tâche du vendeur est d'aider le client à doser tous ces éléments de manière à en arriver à la meilleure combinaison possible compte tenu de la situation.

Pour mener à bien cette étape, il faut en quelque sorte que le vendeur joue un rôle de pédagogue, qu'il renseigne le client sur les différentes possibilités et, si nécessaire, qu'il l'aide à évaluer le pour et le contre de chacune. Grâce à l'information qu'il obtiendra du client, le vendeur pourra l'amener à définir la meilleure solution, c'est-à-dire celle qui sera le plus efficace, même si elle présente quelques inconvénients. Encore une fois, il se peut que la solution présentée ne soit pas la moins chère ; mais si le vendeur amène son client à comprendre que le travail sera mieux accompli et le rendement satisfaisant, celui-ci conviendra qu'il s'agit bien là de la meilleure solution.

L'analogie de la bicyclette

L'analogie de la bicyclette vous aidera à mieux cerner le rôle et l'importance d'une argumentation efficace. Comparez la roue arrière du vélo à vos connaissances, à votre expérience et à vos compétences. Ce sont les connaissances que vous avez de votre produit et les compétences techniques qui vous permettent de réaliser une vente.

Quant à la roue avant, ce sont vos aptitudes générales ou humaines. Ces qualités interpersonnelles, sociales et affectives vous aident à conduire votre bicyclette. Si vous ne savez pas diriger correctement la roue avant, vos connaissances et votre expertise technique — autrement dit votre roue arrière — ne vous seront pas d'un grand profit.

L'idée est de trouver un équilibre entre les compétences techniques et les qualités humaines pour obtenir une efficacité maximale. Si la roue avant est trop grande et la roue arrière trop petite — importantes aptitudes humaines, mais maigres compétences techniques — la bicyclette avancera lentement et n'ira pas loin.

Si, au contraire, la roue avant est trop petite et la roue arrière trop grande, la vitesse de pointe sera élevée, mais la conduite de la bicyclette sera ardue. Les risques d'accident seront importants.

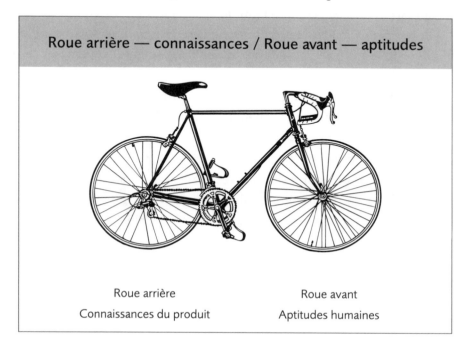

Roue arrière — connaissances / Roue avant — aptitudes

Roue arrière	Roue avant
Connaissances du produit	Aptitudes humaines

La roue arrière des vendeurs qui débutent est souvent trop grande. L'essentiel de leur formation a porté sur la connaissance du produit, sur ses caractéristiques et sur ses différences avec les produits de la concurrence. S'ils vendent un article qu'ils aiment ou qui a des caractéristiques complexes, ils passent souvent tous leurs loisirs à en apprendre davantage sur ce dernier.

Mais il est important de mettre en perspective ses connaissances, de prendre du recul et de se poser quelques questions, comme : « Les clients ont-ils besoin de connaître toutes ces caractéristiques ? », « Quelle importance accordent-ils à ce genre d'information ? », « Quand dois-je répondre à des questions techniques et quand puis-je utiliser les ressources à l'interne ? »

Un vendeur qui est capable de répondre aux questions techniques les plus obscures impressionne. Mais, dans bien des cas, de 20 à 30 % de ce genre de données suffisent pour conclure une vente. Rappelez-vous que les clients ont souvent une vision télescopique de la situation. Ils s'intéressent à la façon dont votre offre va résoudre un problème ou un besoin, et non aux sommes que dépense votre société pour équiper votre produit d'accessoires que ne possèdent pas ceux de la concurrence.

Pat Carey, représentant d'IBM, vend pour 50 millions de dollars américains chaque année. Il a sur ce sujet un avis des plus clairs : « Souvent, mes clients ont la possibilité de se procurer ailleurs et à meilleur prix les produits que je leur propose. Je ne perds donc pas de temps à leur expliquer toutes les caractéristiques des produits IBM. Bien des employés de l'entreprise connaissent ces caractéristiques et peuvent me renseigner si j'en ai besoin. Mais personne ne connaît aussi bien que moi les problèmes de mes clients. »

Keith Sondrall, qui enseigne la vente-conseil depuis des années, considère l'analogie de la bicyclette sous un angle économique : « Dans un contexte de mondialisation, il y a quatre façons de se démarquer. La première est la supériorité du produit. C'est très bien mais impossible à maintenir à long terme. La deuxième est la supériorité économique.

Une entreprise peut réussir à vendre un produit à bas prix grâce à des économies d'échelle. Mais cet avantage peut aussi disparaître rapidement. La troisième est l'identification à un marché, ce qui ne signifie plus grand-chose. Les gens étaient autrefois attachés à Honda ou aux ordinateurs Apple mais, avec la saturation de produits et de services de qualité, les clients savent maintenant que le nom ne suffit plus. Reste donc la quatrième : le flair en matière de vente et la supériorité du service à la clientèle. Il s'agit des seuls facteurs sur lesquels on puisse encore exercer un contrôle valable. »

Éviter ce qui est hors de propos

Si le vendeur ne se concentre pas sur le but du processus de vente, qui est de résoudre un problème, ses efforts risqueront d'être hors de propos. En vendant des caractéristiques plutôt que des solutions, il donnera l'impression d'offrir du « superflu » dans un monde où tant de choses sont essentielles et où les innovations technologiques sont la norme.

Il est facile de tomber dans ce piège, même pour des ventes ordinaires. Voici un exemple (même si vous n'avez aucune expérience militaire, vous pourrez sans doute vous identifier aux soldats à qui leur sergent fait la présentation suivante).

> « *Mesdames et messieurs, à partir d'aujourd'hui, nous allons utiliser le sifflet réglementaire M-1. Ce modèle de base est destiné à tous les soldats, peu importe leur grade. Il est autorépétitif, actionné par les poumons et refroidi par l'air* (il siffle dans le sifflet).
>
> *Ce sifflet a deux parties : le cylindre de soufflage et le dispositif à chaînette. La fente de soufflage a deux sections. Je demande aux gens à l'arrière de s'approcher pour mieux voir. De la fente de soufflage jusqu'au cylindre se trouve ce qu'on appelle le canal de soufflage.*

Le reste se compose du dispositif de fonctionnement, qui comprend la fente d'admission d'air et le joint d'extrémité, auquel est relié le dispositif à chaînette. »

Voilà toute une présentation ! Mais nous estimons qu'elle aurait été plus efficace si le sergent s'était souvenu que les gens n'achètent pas un produit, mais le service qu'ils pensent que celui-ci leur rendra. Le sergent pourrait donc reprendre sa présentation de la façon suivante.

« Mesdames et messieurs, voici un sifflet. Lorsque vous soufflez dedans (il souffle dedans), *il émet un son strident. Si vous vous retrouvez coincé dans un trou de tirailleurs et que des balles sifflent sur vos têtes, sortez ce petit bijou et soufflez dedans aussi fort que vous le pouvez. Nous tenterons alors de vous porter secours. Vous vivrez ainsi peut-être assez longtemps pour raconter à vos petits-enfants que vous avez fait la guerre. »*

Voilà qui est plus compréhensible. Dans la première présentation, se servant d'une approche fondée sur les caractéristiques, le sergent a décrit à quoi sert un sifflet et comment il fonctionne. Dans la seconde, il a illustré de manière dramatique comment le sifflet pouvait contribuer à résoudre un problème crucial : ne pas se faire tuer.

Les représentants des ventes de Sabre, un des principaux fournisseurs de technologie de l'industrie du voyage, ont découvert dans leur travail d'argumentation les avantages de l'approche fondée sur la solution.

Le logiciel que vend l'entreprise facilite l'exploitation des lignes aériennes, notamment la gestion du rendement et du personnel, les opérations aériennes et l'établissement des calendriers. Cet outil complexe, qui peut être personnalisé suivant les besoins des clients, comporte de très nombreuses caractéristiques. Alors, quoi dire à un client dans une présentation ?

« Avant que nos représentants participent au cours de vente-conseil, ils avaient l'habitude de se réunir pour discuter de toutes les caractéristiques d'un produit, explique Jackie Friedman, directrice du centre des ventes de Sabre à Dallas, au Texas. Après avoir suivi le cours, ils ont réduit la liste des caractéristiques dont ils devaient parler pour s'en tenir à celles qui répondaient aux besoins les plus importants des clients. »

Entre autres choses, l'équipe de Sabre devait présenter à une importante agence de voyages canadienne un nouveau logiciel permettant de prendre plus rapidement et plus efficacement les commandes et les réservations des clients. Avant de préparer la présentation, un des représentants de Sabre a pris le temps de discuter avec le personnel de première ligne de l'agence.

« Il a ainsi découvert que les agents étaient frustrés d'avoir à saisir de nouveau les renseignements relatifs aux clients qu'ils possédaient dans une autre banque de données, indique Mme Friedman. Pour eux, c'était une perte de temps. »

Cette information était pertinente parce que le logiciel de Sabre possédait une fonction de lecture-écriture dans de multiples banques de données. « C'est une caractéristique mineure dont nous ne parlons généralement pas à un client potentiel durant une rencontre, ajoute Mme Friedman. La plupart des gens ne se préoccupent pas de ce détail. »

En mettant le doigt sur un problème précis, le représentant de Sabre a toutefois pu expliquer à l'agence que son produit pouvait sauver des heures de travail, abaisser les délais dans le service à la clientèle et réduire le nombre d'erreurs qui se produisent lorsqu'il faut saisir plusieurs fois les mêmes données.

« Nous avons réglé des problèmes pratiques et psychologiques en mettant l'accent sur un aspect secondaire de notre produit, précise Mme Friedman. Cette vente a ainsi été plus facile pour nous. En allant droit au problème et en proposant un moyen de le résoudre, nous n'avons pas eu besoin de présenter la liste complète des caractéristiques de ce produit et des avantages qu'il peut avoir pour le client. »

Un vendeur prend un grand risque lorsqu'il suppose qu'un client potentiel verra automatiquement dans un renseignement technique un avantage. Dans un processus de persuasion professionnel — étape de l'argumentation —, le vendeur doit interpréter les caractéristiques de son produit et les convertir en avantages pour son client.

La formule SAS

Dans sa deuxième tentative pour « vendre » son sifflet, le sergent de notre précédent exemple a adopté la stratégie que nous préconisons dans le processus d'argumentation. Il a présenté la Solution (le sifflet), puis l'Avantage (si vous l'utilisez, nous tenterons de vous porter secours), et enfin la Satisfaction liée à la solution (vous resterez en vie et pourrez raconter votre histoire).

C'est ce que nous appelons la formule SAS. Il s'agit du moyen le plus court, le plus direct et le plus convaincant d'amener un client à croire en un produit et à en faire l'achat. Vous pouvez utiliser efficacement cette stratégie avec n'importe quel produit ou service en suivant **3 étapes.**

1. *Présentez votre solution en fonction de ses caractéristiques.* La solution peut être une idée, un produit ou un service, mais ce peut aussi être vous, en raison de votre connaissance de l'industrie ou de vos compétences, ou encore votre entreprise. Examinez les principaux points de votre accord de découverte et faites le rapprochement avec vos qualités. N'en faites cependant pas trop. Les vendeurs ont tendance à trop parler. À cette étape, le client veut simplement avoir l'heure, pas savoir comment la montre est faite. Assurez-vous de répondre à deux grandes questions : Quelle est la solution ? Comment fonctionne-t-elle ?

2. *L'avantage dépend de la manière dont votre solution s'attaque au problème et le résout.* Tandis que la solution vise une chose, l'avantage concerne les gens (qui voient leurs problèmes réglés). La meilleure façon de faire valoir un avantage est de montrer comment le

produit a résolu, résout ou résoudra le problème d'autres clients (nous reviendrons sur ce point plus loin). Vous passerez alors plus de temps à décrire l'avantage que la solution ou la satisfaction.

3. *La satisfaction résulte de la solution et de l'avantage*. Le client éprouve de la satisfaction lorsque le produit répond à ses besoins. À cette étape, expliquez-lui comment votre produit peut l'aider à maintenir ou à améliorer sa satisfaction par rapport à ses besoins.

Solution—Avantage—Satisfaction

Solution :	De quoi s'agit-il ?
Avantage :	Comment cela résout-il le problème du client ?
Satisfaction :	Qu'est-ce que cela apporte au client ?
	Répondre à la question « Qu'est-ce qui en résulte ? »

Il existe une nuance entre maintenir la satisfaction d'un client et lui en assurer une plus grande. Il convient donc de bien choisir ses mots. Pour évoquer la satisfaction qu'apporte ou fait gagner une solution, on utilise entre autres les expressions et les termes suivants : vaincre, avancer, réaliser, obtenir le crédit, atteindre un objectif, recevoir un honneur, obtenir une prime (ou une promotion), connaître plus de succès, avoir un avantage sur la concurrence, éprouver la satisfaction du travail accompli.

On peut aussi suggérer le gain que permet un produit ou service en employant les expressions et les termes suivants : améliorer, augmenter, recevoir, renforcer, être plus efficace (ou productif), gagner du temps et de l'argent. La satisfaction dont a parlé le sergent de notre exemple (vous pourrez raconter cette histoire à vos petits-enfants parce que vous aurez survécu) est à classer dans la catégorie des gains.

Pour aider un client à comprendre comment une offre peut maintenir sa satisfaction, on peut lui dire qu'elle lui évitera le rejet, la rétrogradation, une réprimande, une démission, l'embarras, le blâme, une punition ou la surveillance. Un produit ou un service maintient aussi la satisfaction s'il réduit le gaspillage, les retours, les pertes de temps et l'inefficacité.

Le succès de la formule SAS dépend des rapports entre la solution, l'avantage et la satisfaction. Ces rapports doivent avoir l'air naturels. Demandez-vous « Qu'est-ce qui en résulte ? » après avoir décrit une caractéristique ou un avantage. Cette caractéristique est-elle indispensable pour le client ?

Nous verrons maintenant pourquoi il est important d'établir des rapports entre les éléments de la formule SAS.

Les dangers d'une découverte trop rapide

Ne forcez pas les choses avec la formule SAS. L'argumentation Solution — Avantage — Satisfaction n'est efficace que si les décideurs de l'entreprise cliente s'entendent sur l'accord de découverte que vous leur avez soumis.

Si un seul désapprouve votre évaluation, vous pouvez rater la vente. Même s'il vous faut consacrer plus de temps pour obtenir un consensus et ainsi risquer de dépasser l'échéance fixée par le client, il est primordial que vous persévériez. Pour confirmer qu'il y a consensus, vous pouvez poser différentes questions aux décideurs en utilisant une liste de contrôle.

- « S'agit-il d'une bonne évaluation de la situation dans l'entreprise ? » Posez cette question après avoir résumé les problèmes formulés par le client.
- « Est-il juste d'affirmer que vous avez vraiment besoin de... » Cette question est utile lorsque le client fait état de besoins précis : amélioration de l'efficacité, moins de temps improductif, etc.

- « Avez-vous dit que… ? » Cette formulation est particulièrement judicieuse si le client vous donne des chiffres qui diffèrent beaucoup des normes de l'industrie en matière d'évaluation des stocks, de délais, de marges bénéficiaires, etc.
- « Votre principal objectif est de…, n'est-ce pas ? » Cette question est pertinente lorsque sont abordés des sujets délicats ou difficiles à évaluer, comme l'efficacité, le temps gagné ou la productivité. Si le client est incapable de quantifier le problème, cette question permet

---

Argumenter ou non ? Au client de vous le dire !

Bien des vendeurs enthousiastes ratent des ventes en entreprenant l'étape de l'argumentation trop tôt ou en se lançant dans une présentation avant que toutes les conditions pour le faire soient réunies. Cela peut amener un client potentiel à se demander : « Comment peut-il savoir que ce produit est le bon s'il ne connaît pas les exigences de mon entreprise ? »

Plus un produit ou un service est complexe, plus il est tentant d'affirmer qu'il représente la solution idéale. Plus il est aussi facile pour un client de l'écarter en se disant que le vendeur n'a pas suffisamment cherché à découvrir ses besoins.

Voici quelques signes indiquant que le moment est venu de passer à l'étape de l'argumentation :

— Le client vous dit « Passons au point suivant » ou montre une certaine impatience lorsque vous continuez à définir ses besoins.

— Le client parle de budget et d'année financière ou tient d'autres propos de nature financière.

— Il vous présente comme un consultant en vente à des personnes que vous n'avez pas rencontrées au cours du processus de découverte.

— Il vous dit qu'il a « restreint le champ des possibilités ».

— Il affirme que des gens « au-dessus de lui » le pressent de prendre une décision d'achat.

de souligner le fait qu'il y en a un. Vous pouvez ensuite, si nécessaire, fournir des statistiques, des témoignages ou des anecdotes qui confirment la chose.

- «Les choses ont-elles changé?» Même si vous avez rencontré le client deux jours auparavant, il vaut mieux vous assurer que la situation n'a pas changé. Un nouveau PDG, une élection pour le poste de président ou un changement dans le marché d'une région éloignée peut radicalement modifier la perception qu'a un client de ses problèmes et de ses besoins. Si vous êtes au courant de ce qui se passe, tentez de faire quelque chose pour conserver ce client.

- «Un employé de l'entreprise pourrait-il être en désaccord avec un de ces éléments?» S'il y a possibilité de désaccord, il est temps que vous refassiez vos devoirs et tentiez d'obtenir un consensus.

- «Cela s'applique-t-il à votre cas?» Voilà une bonne question à poser à chacun des décideurs. Certains vous répondront «non», ce dont vous devrez tenir compte dans votre présentation finale.

SECTION 2 : L'ART DE LA PRÉSENTATION

Vous avez interrogé tous les joueurs clés et les agents d'influence et avez maintenant une idée précise des personnalités, des préoccupations et des besoins. Vous avez fait des recherches sur l'industrie et l'entreprise, et vous vous êtes mis à la place de votre client pour être certain de ne rien oublier.

À l'étape de la découverte, vous avez résumé dans un point d'accord l'information que vous avez recueillie et vous avez préparé votre présentation en fonction des principaux enjeux ou besoins de votre client.

Mais, quelques minutes avant votre présentation SAS, vous voyez les personnes dans la salle murmurer et hésiter. Vous sentez une certaine tension dans l'air et craignez qu'une personne vous dise : «Je ne sais pas comment vous avez pu croire que telle chose était un problème pour nous.» Oh là là! L'accord n'est pas unanime. Cela arrive. Que faire dans ce cas? Essayez ce qui suit.

1. Si vous savez que vous avez l'accord de la majorité des personnes présentes et que seules une ou deux sont dissidentes, dites qui vous a fourni cette information et comment vous l'avez analysée. Nommez aussi les personnes à qui vous avez demandé d'étudier l'accord de découverte avant d'effectuer votre présentation.

   Surtout, évitez de vous mettre sur la défensive. Ne laissez pas votre langage corporel, votre ton ou vos paroles exprimer des choses comme : « C'est ce qu'on m'a dit » ou « Peut-être connaissez-vous mal votre entreprise. »

   Il arrive souvent que la personne qui formule certaines réserves ne connaisse pas à fond le problème ou veuille vérifier à quel point vous êtes au courant de la situation. Si vous connaissez le client aussi bien que vous le devriez à cette étape, vous n'aurez aucun mal à réagir.

2. S'il y a vraiment divergence entre vos renseignements et le point de vue d'une ou de plusieurs personnes, mettez fin à la rencontre. Excusez-vous et expliquez qu'un élément important vous a sans doute échappé lorsque vous avez interrogé les gens concernés.

   Demandez à rencontrer d'autres personnes pour obtenir un complément d'information. Bien sûr, vous risquez de perdre la vente mais, si vous avez établi un bon climat de confiance avec le client, vous sauverez peut-être les meubles.

3. Organisez une rencontre avec votre principal contact, lequel devrait bien connaître l'accord de découverte. Demandez-lui de vous expliquer ce qui n'a pas fonctionné. Le groupe compte-t-il un nouveau membre ? Une nouvelle dynamique s'est-elle installée dans l'entreprise ?

   Certaines personnes, qui craignent de reconnaître l'existence de problèmes en présence du PDG ou du vice-président mais pas en la vôtre, ont-elles changé d'avis ? Un employé essaie-t-il de vous tester ou joue-t-il l'avocat du diable ? Un élément vous a-t-il échappé ? S'est-il produit un événement dans le monde, dans l'industrie ou dans l'entreprise au cours des derniers jours qui puisse avoir nui à la vente ?

4. Si vous avez mal analysé certains éléments ou avez fait une erreur, reprenez l'accord de découverte. Présentez-le de nouveau à votre principal contact ainsi qu'à la ou aux personnes qui ont soulevé le problème. Ne leur expliquez pas l'origine de votre impression erronée. Si vous avez mal compris quelque chose, admettez-le. Ne rejetez jamais le blâme sur une autre personne, que celle-ci soit fautive ou non. Vous serez surpris de constater la crédibilité que vous pouvez gagner en faisant face à la situation et en allant de l'avant.

Adapter son argumentation en fonction des joueurs en place

Chaque décideur et chaque agent d'influence a ses aspirations personnelles et techniques. Ces motivations, désirs ou éléments déclencheurs peuvent grandement varier d'une personne à une autre.

Le vendeur qui prend le temps de comprendre ces aspirations peut adapter sa présentation SAS en conséquence et ainsi améliorer ses chances de conclure une vente. Voici le portrait des différents types de décideurs.

L'acheteur économique

Cette personne tient les cordons de la bourse mais, souvent, ce n'est pas avec elle que vous passerez le plus de temps. Ce type d'acheteur se préoccupe de la situation globale et s'intéresse aux résultats et à la satisfaction que permet l'achat. L'attitude de l'acheteur économique peut être résumée ainsi :

> « Je comprends le problème et je sais que nous devons acheter un nouveau système de télécommunication. Mais ce n'est qu'un de mes nombreux problèmes et je ne peux voir à chacun. Des personnes compétentes peuvent s'en occuper à ma place. Je ne demande qu'un aperçu de la solution. Je déciderai ensuite si nous pouvons dépenser de l'argent pour cela. »

Le gardien

La plupart du temps, cet employé n'a aucun poids dans la décision d'achat, mais il contrôle l'accès aux personnes qui détiennent l'autorité. Agissant comme contact principal et coordonnateur, il ouvre toutes les portes ou les ferme.

Les secrétaires, les adjoints administratifs et les préposés aux achats jouent souvent ce rôle. Les gardiens doivent être enthousiasmés par le produit ou le service offert, mais il ne faut pas faire l'erreur de leur laisser l'affaire entre les mains. Il vaut toujours mieux la présenter aux véritables décideurs. L'attitude du gardien se résume comme suit :

> *« Depuis que nous avons annoncé que nous étions à la recherche d'un nouveau système de télécommunication, j'ai été littéralement assailli par les fournisseurs. Il me revient de trouver, de filtrer et de diriger les bons vendeurs aux personnes qui s'occupent de ce dossier. Je ne prends pas la décision finale, mais je fais les recommandations. »*

L'acheteur concept

Dans certains cas, l'intérêt pour un produit ou un service n'est pas suscité par une personne chargée des opérations quotidiennes. Il peut s'agir d'un membre du personnel qui transmet une bonne idée à un cadre. Cet employé devient alors le parrain du produit à acheter, celui dont il faut recevoir la bénédiction avant que la décision finale soit prise. Voici ce que peut dire l'acheteur concept :

> *« Il faut parfois un observateur impartial pour déceler un besoin. S'il y a un problème, il faut inciter à l'action, sinon cela peut prendre des mois avant que les choses bougent. Grâce à moi, l'acheteur économique a pris certaines mesures. Bien sûr, avant de faire l'achat, il va me demander si je trouve que le produit convient à notre situation. »*

L'acheteur pratique

Cet employé analyse les avantages et les inconvénients d'une solution, puis compare les offres. Il se préoccupe surtout de la qualité et des résultats. Son attitude peut être résumée comme suit :

> « Je discute avec un certain nombre de fournisseurs, sélectionnés par le gardien. J'évalue leurs propositions et j'examine toutes les possibilités en fonction de leur aspect pratique. Pour le moment, je penche pour le modèle le plus coûteux, qui possède les plus récentes caractéristiques. Il pourrait nous aider à améliorer notre productivité et à réduire nos coûts à long terme. »

Le directeur financier

Cette personne évalue la solution proposée. Elle analyse les questions financières : prix, budget, options de location, modes de financement, etc. Elle ne doit avoir aucun doute sur la validité financière de la décision. L'énoncé suivant résume son attitude :

> « Les plus récentes caractéristiques, vraiment ? Mais ça coûte trop cher ! Et puis, tout le reste devrait être changé. Il faudrait bâtir des programmes de formation complets. Les coûts de lancement sont trop élevés. L'argent ne pousse quand même pas dans les arbres ! Qu'est-ce qui ne va pas avec le système mis en place l'an dernier ? J'ai entendu dire que les autres fournisseurs offraient une réduction. »

L'utilisateur

Cet employé ou ce groupe d'employés est appelé à utiliser le produit ou le service offert. Il n'a peut-être pas l'autorité pour prendre la décision d'achat mais, si le produit ne lui plaît pas, il peut opposer une résistance farouche et bloquer la vente. L'attitude de l'utilisateur se décrit comme suit :

> « *Laissons-les parler, mais qu'ils n'oublient pas de me demander mon avis avant de prendre une décision. Après tout, c'est moi qui vais faire fonctionner ce système de télécommunication. Et, franchement, je ne crois pas qu'il peut remplacer celui que j'ai déjà amélioré et auquel je suis habitué.* »

Dans certains cas, seuls deux ou trois des joueurs mentionnés précédemment agissent ; dans d'autres, ils ont tous — et peut-être avec d'autres encore — leur mot à dire. Chacun considère le problème et son origine selon son point de vue et a, bien sûr, la meilleure solution à proposer.

Signalons aussi que certains peuvent assumer plusieurs rôles. Par exemple, un chef de service qui achète un ordinateur portatif pour son usage personnel joue le rôle de l'utilisateur et celui du directeur financier. Il peut aussi être l'acheteur pratique. Les rôles changent ainsi selon le produit ou le service.

Par exemple, le chef des technologies de l'information d'une entreprise peut être le directeur financier pour l'achat de nouveaux serveurs, l'utilisateur pour un nouveau programme de formation, l'acheteur pratique pour un nouveau logiciel de comptabilité, l'acheteur concept pour un système de communication par satellite, et l'acheteur économique pour la mise à jour des logiciels. Bien des entreprises ont en outre des équipes d'acheteurs interfonctionnelles. Les rôles sont alors encore multipliés.

Pour bien comprendre qui joue quel rôle, voici certaines questions auxquelles il faut trouver des réponses.

- Qui sont les personnes qui participent au processus de prise de décision ?
- Quel est le rôle de chacune ?
- Qui a le plus de poids dans la décision ? Qui vient en deuxième ?
- Quel est le lien hiérarchique entre ces deux personnes ?
- Quels sont leurs rapports informels ?
- Quelles sont les aspirations de chacune ?

- En quoi une décision favorable aidera telle personne ou lui nuira ?
- Si je n'ai pas les réponses à ces questions, comment puis-je les obtenir ?

À partir de ces réponses, préparez un plan d'argumentation qui puisse vous permettre de répondre aux questions suivantes :

- Puis-je avoir une influence sur l'une ou l'autre de ces personnes ? En employant quelles tactiques ?
- Dois-je les rencontrer ensemble ou non ? Si non, qui dois-je voir d'abord ?
- Puis-je demander le soutien de tiers favorables à mon idée ? Puis-je écarter ceux qui n'y sont pas favorables ?

Le vendeur qui conclura la vente est celui qui aura réussi à rallier les différents points de vue, à réduire la tension et à obtenir les nécessaires compromis entre tous les joueurs.

Gagner avant le temps

Bien se préparer. Bien se préparer. Bien se préparer. Un vendeur n'est jamais trop préparé lorsque vient le temps de faire une présentation. Et la façon d'utiliser le temps de préparation fait toute la différence entre conclure une vente et retourner chez soi bredouille.

Un vendeur qui se prépare à faire une présentation doit prêter attention à ses paroles, mais aussi aux personnes à qui il les adressera, au moment où il les prononcera et à l'environnement où il les dira. Souvent, le vendeur a peu de prise sur ces variables. Mais il peut, plus souvent qu'il le pense, organiser certaines choses à son avantage. Voici quelques idées.

- **Tenez des présentations informelles.** Avant de faire votre présentation officielle, essayez d'organiser des rencontres informelles ou individuelles avec certains des participants. Cette stratégie a deux avantages : elle vous offre l'occasion de vérifier et d'approfondir votre connaissance du problème, et elle vous permet de voir si vos idées sont bonnes.

Ces rencontres vous donnent aussi la chance de débusquer les objections. Vous pourrez ainsi vous y préparer et éviter de fournir des réponses approximatives ou hâtives durant votre présentation officielle.

- **Tentez de vous trouver des défenseurs dans l'entreprise.** Les rencontres informelles vous permettent de « prévendre » votre produit aux décideurs et de vous trouver des défenseurs. Et même si ce n'est pas vous qui décidez qui assistera à votre présentation, vous ne perdez rien à demander la présence d'une personne qui vous appuie.

  Si Claude est votre « défenseur » à l'interne et qu'il croit aux solutions que vous proposez, vous pouvez faire la demande suivante à votre contact : « David, est-ce que Claude sera à la présentation ? Il m'a fourni une bonne partie des données concernant ce problème et je crois qu'il pourrait être très utile. »

  Votre défenseur est en quelque sorte votre substitut dans l'entreprise. Étant donné sa position unique (il fait partie de l'organisation), il peut contribuer à accroître votre crédibilité auprès des autres employés.

- **Faites appel à des experts.** Vous trouverez sans doute utile d'avoir avec vous du personnel de soutien en qui vous avez confiance — technicien spécialisé, directeur commercial, consultant, sous-traitant. Ils seront vos « experts » dans les domaines où vos connaissances techniques (« roue arrière ») sont faibles.

  En tant qu'observateurs avertis, ils sauront en outre quel élément de votre présentation laisse à désirer. Ils auront la compétence pour compléter l'information ou pour présenter certains avantages qu'ils jugent importants pour le client potentiel.

- **Documentez-vous sur les participants.** On vous l'a dit : vous avez besoin de renseignements de qualité — certains diront « intelligents » — sur les personnes présentes, leurs rôles et les perspectives qu'elles apportent au processus d'achat. Si vous ne connaissez pas tous les participants, rencontrez-les. Et repassez votre matériel en revue, en particulier votre point d'accord, pour vous assurer de son exactitude.

- Profitez de votre « territoire ». Bien que cela ne soit pas toujours possible, essayez de faire votre présentation « chez vous » (usine, salle de réunion, bureau). Vous aurez alors à portée de la main toutes les ressources dont vous avez besoin et vous vous sentirez sans doute plus à l'aise.

Si vous vendez, par exemple, du matériel technologique de pointe, vous pourriez même organiser une visite de votre usine. Vous montreriez votre marchandise puis feriez votre exposé. Vous savez, par ailleurs, que les installations de votre salle de réunion sont adéquates. Vous pouvez réduire les distractions et vous avez la liberté de choisir et d'utiliser le matériel de promotion multimédia.

> *Que faire si vous devez effectuer votre présentation dans les bureaux de votre client ? Vous pouvez lui laisser poliment savoir ce dont vous avez besoin. Par exemple : « Georges, je pense qu'au moins huit personnes assisteront à la réunion. J'aimerais beaucoup leur montrer une courte vidéo de certaines applications, dont celle que vous prévoyez acheter. Croyez-vous qu'il est possible d'utiliser la même salle que l'autre jour ? »*

On voit mal Georges s'opposer à une telle demande. Après tout, la rencontre doit aussi lui être profitable, sinon il ne vous laisserait tout simplement pas la tenir.

- Ayez toute la documentation avec vous. Préparez une proposition écrite ou un résumé de votre présentation et distribuez-le aux participants pendant ou après la réunion. Après votre départ, ceux-ci évalueront votre offre. Ce document les aidera à se rappeler les principaux avantages de votre solution. Il est important de préparer un document aussi frappant que possible : bien organisé, bien écrit, relié et adapté aux besoins du client.

- **Prévoyez un plan B.** Que vous vous adressiez à une personne ou à un groupe, il est sage d'avoir une proposition de rechange. Dans la vente de matériel informatique, par exemple, une offre comporte souvent diverses trousses d'installation et des options permettant l'achat ou la location de matériel, ou l'achat de services techniques (à l'heure ou pour un montant forfaitaire).

Le fabricant d'enveloppes, conférencier et auteur Harvey Mackay a toujours sur lui différentes propositions de vente. À mesure qu'une rencontre progresse, il cerne ce qui intéresse le client et finit par sortir la « meilleure » proposition. Mais, avec un bon point d'accord, il est possible d'éviter ce genre de suspens.

Ajoutons que la solution proposée est rarement — c'est une loi — acceptée par le client potentiel sans modifications. Celles-ci touchent, en général, la composition de la solution, les modalités d'achat, la mise en œuvre, etc.

Un client potentiel à qui une partie de votre solution ne convient pas peut n'avoir rien à proposer. Il compte alors sur vous pour lui offrir d'autres options. Il est donc bon d'envisager cette éventualité et de préparer des propositions de secours. Écrivez-les.

Déterminer le degré de compétitivité d'une entreprise

Imaginons que vous vendiez des solutions de haute technologie dans une industrie très « compacte ». Vous pouvez compter vos clients potentiels sur les doigts de vos deux mains, et vos compétiteurs sur les doigts d'une seule. Vos produits sont similaires à ceux de la concurrence et seuls quelques accessoires sont différents. Que faire pour vous démarquer ?

La position concurrentielle, un point qui intéresse beaucoup les services de marketing, est décisive lorsque la vente a lieu entre deux personnes. Ainsi, tandis que votre entreprise ou votre directeur commercial prépare le terrain, vous pouvez faire des démarches pour avoir une idée des derniers efforts de vos compétiteurs. Voici quelques tactiques.

- Posez la question directement à votre client. Si vous avez avec lui une relation de confiance, il vous donnera peut-être les ventes, les prix et certains renseignements concernant vos compétiteurs, ou il vous parlera des points forts de leurs produits.

  Il est également bon, les marchés étant de plus en plus saturés et à circulation rapide, de lui demander qui, selon lui, est votre principal rival. Vous découvrirez peut-être une piste à laquelle vous n'aviez pas songé ou apprendrez l'existence d'un nouveau venu ou d'une nouvelle stratégie.

- Partagez l'information avec vos collègues. Encouragez votre entreprise à utiliser l'intranet pour diffuser des documents sur la compétitivité et permettre aux représentants commerciaux d'y afficher de l'information à ce sujet. Proposez que ceux qui se donnent la peine de renseigner les autres soient récompensés. Assurez-vous, grâce à des directives claires, que tout le monde puisse faire la distinction entre une contribution valable et des détails insignifiants.

- Rencontrez les gens. Participez aux activités de l'industrie et devenez membre d'une organisation commerciale. Dans l'industrie pharmaceutique, par exemple, beaucoup de vendeurs travaillant dans les grandes villes se rencontrent une fois par mois pour discuter. Même si vos pairs ou vos rivaux ne livrent pas volontairement des détails sur leur position dans le marché, un mot échappé et quelques insinuations peuvent vous en donner une idée.

- Étudiez la documentation. Vous lisez déjà des revues spécialisées et consultez des sites Web pour tout savoir sur votre industrie ou votre créneau commercial. Ces ressources constituent aussi une source d'information sur vos compétiteurs.

  Examinez les publicités de vos concurrents et leurs sites Web pour avoir une idée de leur orientation stratégique, de leurs nouveaux produits, des changements de prix, etc.

- Interrogez les nouveaux employés. Sortant souvent de l'école, ils ont peut-être étudié vos concurrents. D'autres peuvent avoir travaillé chez un compétiteur. Ne vous en tenez pas uniquement au personnel de vente.

  Les employés des services du marketing et de la comptabilité, et même les employés de bureau, peuvent avoir un point de vue intéressant sur leurs anciens employeurs. Toutefois, respectez votre code déontologique et ne leur demandez pas de renseignements confidentiels.

La « paresse verbale » peut ruiner une vente

Les malentendus sont le résultat de la communication.
Pour être vraiment compris, il faut y mettre l'effort.

George Shapiro, professeur émérite de l'Université du Minnesota, étudie les théories de la communication depuis des décennies. Il connaît le pouvoir des mots et sait donc qu'ils peuvent être des entraves à la communication. Les mots, fait-il remarquer, ne sont pas des objets ; ils les représentent. Ce sont des symboles, et les symboles peuvent signifier différentes choses pour différentes personnes.

Prenons le drapeau — lequel est le symbole d'un pays et non le pays lui-même — et pensons à tout ce qu'il peut représenter. Dans bien des pays, brûler le drapeau national est un crime. Certaines personnes affirment, quant à elles, qu'elles seraient prêtes à mourir pour leur drapeau.

Lorsque le mot « drapeau » est dit devant un groupe composé de membres de diverses nationalités, ceux-ci voient des images différentes. Et il ne s'agit encore que d'un objet ! Imaginez ce qui se passe lorsque sont évoquées des choses intangibles, comme le soutien, l'efficacité, la fiabilité, la confiance.

Quand un terme à forte teneur symbolique est prononcé, chacun s'en fait une représentation particulière. Ces images reflètent les expériences personnelles de chacun. Ces différences constituent l'une des principales entraves à une communication efficace.

Permettre à des clients de comprendre une solution s'apparente à une science. Les aider à la visualiser et à ressentir la satisfaction qui y est liée est un art. Les vendeurs doivent être des experts dans la façon de préparer une solution et dans la manière de la communiquer. Pour cela, il est préférable qu'ils emploient dans leur argumentation des mots simples et efficaces. Voici d'autres conseils.

- Abandonnez l'idée que plus une présentation est compliquée, plus les clients sont impressionnés. Les représentants commerciaux qui manquent d'assurance ont tendance à vouloir éblouir leurs interlocuteurs en utilisant des mots savants ou un jargon technique. Cette façon de faire se retourne souvent contre eux, car elle embrouille et irrite les clients.

  Dans la mesure du possible, faites votre exposé dans un langage que comprend le client potentiel. Rappelez-vous que votre but est de le persuader. Pour cela, il est plus facile d'apprendre son langage que de lui demander d'apprendre le vôtre.

- Évitez les termes abstraits. Ils sont difficiles à visualiser ou à relier à des expériences concrètes. Vérifiez si votre présentation comporte des abstractions. Les mots que vous utiliserez sont-ils précis et faciles à comprendre ? Des illustrations peuvent aider à rendre plus concrètes des idées abstraites et à mieux faire passer le sens de votre solution.

- Montrez votre marchandise au lieu d'en parler. Les clients comprennent plus vite quand on leur montre un appareil en marche que lorsqu'on le leur décrit. Voilà pourquoi autant de vendeurs transportent encore de lourdes valises remplies d'échantillons et pourquoi de nombreuses entreprises offrent à leurs clients la possibilité d'essayer leurs produits. Rien ne vaut le concret, même à l'ère d'Internet. Mais que faire lorsqu'on ne peut avoir avec soi l'objet ? On peut recourir à une aide visuelle, notamment à une démonstration réaliste dans un site Web, ou à tout autre outil pouvant être utilisé dans un processus de vente face-à-face.

Une présentation PowerPoint, des modèles, des brochures, des tableaux et tout autre élément susceptible d'être joint à l'exposé du vendeur aideront le client potentiel à saisir l'intérêt que représente le produit ou le service qui lui est proposé. Certaines études révèlent que la compréhension et l'assimilation de l'information augmentent lorsqu'on peut toucher et sentir un produit ou s'amuser avec lui. Celui-ci est donc aussi un élément de persuasion.

- Choisissez vos analogies avec soin. Si votre solution est complexe, vous pouvez la rendre plus tangible en la comparant à un objet concret. Les agents d'assurances utilisent depuis longtemps l'analogie de la bille pour expliquer à leurs clients que, plus ils attendent avant d'acheter une police d'assurance, plus le paiement des primes sera important.

L'analogie est la suivante : « Si je vous demande de mettre une bille dans votre poche et de la garder avec vous le restant de vos jours, vous n'y verrez que peu d'inconvénients. Si je vous demande de transporter une balle de baseball, vous réussirez sans doute à vous organiser. Mais si je vous remets un ballon de basket, vous finirez probablement par le trouver à ce point encombrant que cela vous rendra fou.

En achetant cette police d'assurance, même si vous trouvez qu'elle excède un peu vos besoins actuels, ce sera comme pour la bille : un petit inconvénient. Si vous attendez, vous aurez vieilli, et je devrai vous présenter une balle de baseball. Si vous attendez encore, vous commencerez à avoir des problèmes de santé, et c'est un ballon de basket que je vous remettrai. Ne pensez-vous pas qu'il est plus simple de résoudre dès maintenant votre problème et de prendre la bille ? »

- Faites des comparaisons. La plupart des solutions deviennent plus claires quand on les compare à un élément connu. Les clients comprennent alors mieux les différences et les améliorations proposées. De nombreux représentants aiment agir ainsi avec les produits de la concurrence, mais ils pourraient faire la même chose avec les leurs. Pensez à la difficulté que peut avoir un vendeur à convaincre un client d'acheter la nouvelle version d'un logiciel coûteux lorsque celui-ci croit que l'ancienne suffit à ses besoins. S'il prépare une démonstration permettant au client de se rendre compte que la nouvelle version exécute les tâches habituelles plus rapidement et plus facilement, il le persuadera sans doute plus facilement.

L'expérience d'un tiers : le meilleur exemple

Rien ne frappe davantage l'esprit que l'expérience d'un tiers. Lorsque des clients potentiels écoutent ce qu'a vécu une personne s'étant retrouvée dans une situation similaire à la leur, ils s'identifient à elle et deviennent plus sensibles à ce qui est arrivé. Ils vivent la situation par procuration.

L'expérience d'un tiers est beaucoup plus crédible que tout ce que peut dire ou faire un vendeur. Il s'agit d'un véritable problème et de véritables résultats obtenus par de vraies personnes, et non d'une simulation ou d'un scénario reposant sur des hypothèses ou des affirmations à propos de l'efficacité d'un produit. Pour vous en convaincre, comparez l'effet persuasif des énoncés suivants, tous deux prononcés par un vendeur de logiciels.

> « Si vous faites beaucoup de traitement de texte, ce logiciel est le meilleur. Il comporte des menus déroulants faciles à utiliser pour la mise en forme, énormément de fonctions d'aide et quelques raccourcis clavier. Il est également aisé à maîtriser. »

Tout cela peut aller. Après tout, la facilité d'utilisation est une caractéristique importante. Mais donnons à ce vendeur une autre chance.

> « *En arrivant un matin au bureau, Brigitte Joncas, une de mes clientes chez Mega Corp, s'est rendu compte qu'on lui avait volé son ordinateur. La situation était désastreuse, d'autant plus qu'elle avait un important rapport à remettre le lendemain. Les employés du service informatique ont pu lui installer un autre ordinateur, mais cet appareil n'avait pas le même logiciel de traitement de texte. Malgré la panique, il ne lui a fallu que 10 minutes pour comprendre le fonctionnement de notre nouveau logiciel. Il est extrêmement convivial. Brigitte a pu remettre son rapport à temps. La mise en forme était parfaite. Depuis ce temps, elle utilise notre logiciel.* »

La première présentation comprend une observation et une recommandation ; la seconde, une observation et une illustration concrète. Cette dernière présentation est intéressante et crédible parce que son aspect dramatique rend la solution, l'avantage et la satisfaction des plus concrets.

Beaucoup de gens ne voient cependant pas bien de quoi on parle lorsqu'on insiste sur l'effet dramatique en vente. Il ne s'agit évidemment pas de prendre un air théâtral, mais simplement de s'exprimer de façon plus humaine et plus intéressante.

Ce qui rend intéressante l'expérience d'un tiers

Raconter une histoire demande un peu de planification. L'expérience d'un tiers peut être intéressante si elle est bien préparée et que le vendeur s'est exercé à la raconter. Combien de bonnes histoires compte votre répertoire ? Si vous répondez « pas autant que je le voudrais », passez en revue la liste de vos clients satisfaits.

Choisissez les cas les plus intéressants, parlez aux personnes concernées et prenez des notes pour vous rappeler certaines citations.

Assurez-vous d'obtenir leur permission si vous comptez utiliser leur nom et leur expérience. Enfin, renouvelez régulièrement vos anecdotes ; ne vous contentez pas de les recycler.

Il n'est pas difficile de rendre l'expérience d'un tiers intéressante : il s'agit de la présenter simplement, sans s'embarrasser de détails. Voici comment faire.

1. *Parlez d'un tiers dont le problème était similaire à celui auquel fait face votre client potentiel.* Il est bon que ce tiers soit une personne que le client respecte et à qui il peut s'identifier. Organisez votre récit de façon à lui donner une tournure dramatique. En une ou deux phrases, expliquez le problème et dites pourquoi il était important pour la personne ou l'entreprise en question de le résoudre (« Votre situation me fait beaucoup penser à celle de… »).

2. *Décrivez la solution que le client et vous avez adoptée.* Éliminez les détails relatifs au processus de prise de décision et passez directement à la mise en œuvre. Mettez l'accent sur l'achat fait par le client et non sur le rôle que vous avez joué.

3. *Décrivez la satisfaction ou l'avantage obtenu.* Que s'est-il passé après l'achat du produit ou du service ? En combien de temps la solution a-t-elle fait effet ? Quels ont été les avantages à long terme ?

4. *Décrivez les impressions du tiers.* Vous ne disposerez pas toujours de cette information, mais vous devriez pouvoir l'imaginer. Au moment où vous rencontrez ce tiers pour préparer votre récit, voyez s'il utilise des termes comme « soulagé », « satisfait » ou « heureux ».

Il peut aussi vous dire :

- « Cela m'a beaucoup facilité la vie. »
- « Cela a rendu mon travail plus intéressant. »
- « Cela nous a permis d'augmenter notre efficacité, de réduire nos coûts, etc. Et j'ai obtenu une promotion. »
- « Je n'ai plus les employés de tel service sur le dos. »
- « Les opérateurs sont contents et les plaintes des clients ont diminué de moitié. »

SECTION 3 :
RÉSOUDRE LES OBJECTIONS ET CONCLURE LA VENTE

À l'étape de la découverte, le client a participé à l'élaboration et à l'étude du point d'accord. Devez-vous, maintenant que vous êtes à l'étape de l'argumentation, reprendre les choses en main ? Non. Vous avez travaillé fort pour établir une bonne relation avec l'acheteur ; ce n'est pas le moment de faire cavalier seul.

En faisant participer les acheteurs à des étapes stratégiques du processus de vente, notamment à celle, très importante, de la présentation, vous contractez avec eux un certain nombre « d'ententes mineures » qui peuvent faciliter la vente.

La participation des acheteurs peut :

- leur apprendre à compter sur eux-mêmes pour régler leurs problèmes ;
- vous indiquer si vous êtes sur la bonne voie dès l'ébauche de votre présentation ;
- favoriser la négociation d'une entente étape par étape ;
- vous permettre de gagner progressivement les acheteurs avant la conclusion de la vente (il est plus facile d'obtenir un accord final si les acheteurs ont déjà contracté plusieurs petits engagements. Il est d'ailleurs nécessaire, dans un processus de vente complexe, de réaliser une série d'accords avant que le contrat soit signé ou que l'argent change de mains) ;
- permettre d'éclaircir un écart ou un malentendu dans le point d'accord ;
- donner l'occasion d'éliminer les objections avant que la signature du contrat soit officiellement demandée.

Voici les principaux moments où la participation de l'acheteur est nécessaire

1. *Après que le point d'accord a été passé en revue.* Vous vous assurez alors que le client est d'accord avec les problèmes pour lesquels

vous lui présentez une solution. Par ailleurs, si de nouveaux joueurs sont arrivés après l'étape de la découverte, vous ne pouvez tenir compte de leurs préoccupations et de leurs besoins qu'en revoyant le point d'accord avec eux.

2. *Au cours de l'explication de la formule SAS.* L'acheteur comprend-il la solution ? Considère-t-il que l'avantage qui lui est présenté répondra à ses motivations personnelles et techniques ?

3. *Après la présentation.* L'acheteur est-il d'accord avec les recommandations ?

Vous devez cependant éviter que la participation de l'acheteur devienne trop importante. Considérez-la comme une aide. Elle ne doit en aucun cas interrompre le processus ou provoquer une perte de contrôle. La participation de l'acheteur est exagérée dans les cas suivants.

1. Il veut vous aider à rédiger la proposition de vente.

2. Il veut obtenir des renseignements commerciaux exclusifs, comme les prix coûtants et les éléments de différenciation des produits ou services.

3. Il se montre réticent lorsque vous faites appel à lui, laissant entendre qu'il s'agit de votre travail et non du sien.

4. Il semble avoir perdu une partie de son objectivité aux yeux de ses superviseurs, qui ont l'impression qu'il fait davantage partie de votre entreprise que de la leur.

Les acheteurs peuvent ne pas être conscients de ces comportements. Il vous revient alors de leur faire remarquer avec délicatesse l'importance d'agir avec impartialité et professionnalisme. De plus, vous avez souvent à persuader plus d'une personne, et il est primordial que les décideurs perçoivent votre solution comme la meilleure de toutes, et ce, en fonction de critères organisationnels et non en raison de la qualité des relations que vous avez établies avec les employés.

La conclusion de vente sur présomption d'achat

Votre point d'accord est bien documenté et le client considère que votre solution répond vraiment à ses besoins? Vous êtes dans la position idéale, celle de la « conclusion de vente sur présomption d'achat ».

Vous n'avez qu'à inviter le client à passer sa commande en faisant comme s'il avait déjà pris sa décision. Ne lui demandez surtout pas s'il veut acheter, mais comment il veut procéder pour son achat. Vous saurez que vous avez atteint ce point lorsque cette question vous viendra naturellement à l'esprit.

Vous vous direz alors : « Bon, je crois que tout est là. Nous travaillons depuis un bon moment à cette solution, nous l'avons étudiée sous toutes ses coutures et avons franchi toutes les étapes. Il est certain qu'il va acheter. » Il serait même illogique de ne pas lui demander de passer sa commande.

Vous pouvez offrir des options à votre client. Pas des options rigides ou qui augmentent la tension, du style « C'est à prendre ou à laisser », mais des choix relatifs à certains détails décrits dans la solution. Il s'agit ici de « faciliter l'achat ».

Par exemple, des amis, propriétaires d'un épagneul, sont récemment allés chez le vétérinaire pour la première fois avec leur chien et se sont vu offrir divers modes de paiement comprenant quatre types d'assurance. Ils croyaient ne pas avoir besoin d'assurance, mais après la courte présentation de l'aide-vétérinaire, ils se demandaient « Quel type d'assurance prendre? » et non plus « Faut-il prendre une assurance? » Voici un cas de conclusion de vente sur présomption d'achat :

> *« Bon, pour résumer, disons que la configuration de ce système résoudra vos problèmes de facturation. La question est maintenant de savoir si vous désirez l'option clés en main ou si vous préférez que vos employés s'occupent d'une partie de l'installation. Que devrions-nous privilégier, selon vous? »*

La conclusion de la vente sur présomption d'achat n'a pas à survenir à la fin du processus de vente. Cette stratégie peut servir pour demander la permission de passer à une étape ultérieure du processus. On peut aussi y recourir pour proposer un essai, une présentation en groupe ou demander d'effectuer certaines études.

Mais il ne suffit pas de décider de conclure une vente sur présomption d'achat; il faut encore savoir quel type de conclusion convient au client, à la personnalité du vendeur et à la situation. Voici **6 façons** de conclure une vente sur présomption d'achat.

1. *Le « mini-max »*. Cette approche minimise les risques liés à une décision d'achat tout en mettant l'accent sur les gains : « Le pire qui puisse arriver est… Par ailleurs, la satisfaction que vous en retirerez est… » Elle fonctionne particulièrement bien avec les acheteurs méfiants, qui cherchent à être rassurés et veulent qu'on leur confirme qu'ils prennent la bonne décision.

2. *Le bilan (ou « les pour et les contre »)*. Cette approche consiste à dresser la liste des pour et des contre concernant l'achat, tout en laissant les faits parler d'eux-mêmes. Préparez une liste des avantages et une des inconvénients que comporte l'achat de votre produit ou service. Tous les points considérés n'auront pas nécessairement un élément qui leur fera contrepoids. Ainsi, « des économies de un million de dollars au cours de la prochaine année » ne pourra être contrebalancé par « une baisse de 10 % de la production pendant la période où les employés se familiariseront avec le nouveau système ».

Si l'achat présente plus d'avantages que d'inconvénients, demandez au client de préciser lequel des éléments a pour lui le plus de poids. Vous pourrez ainsi aller de l'avant. S'il y a plus d'inconvénients que d'avantages, c'est que vous devez encore répondre à certaines questions que se pose l'acheteur. Réglez ces hésitations et obtenez son accord avant d'ôter ces « inconvénients » du bilan.

Cette façon de conclure plaît aux acheteurs qui, en se faisant montrer les risques qu'il y a à ne pas faire l'achat, s'assurent qu'ils prennent la bonne décision. Elle constitue aussi un bon moyen de leur montrer que leur décision leur vaudra le respect de leurs collègues et augmentera leur influence dans l'organisation.

3. *L'analyse des coûts.* Cette approche permet d'examiner la valeur obtenue par rapport au prix payé. Dressez la liste des coûts de votre solution, puis évaluez les conséquences de son application ou de sa non-application à partir de ces critères : économies, réduction des heures de travail, augmentation de la productivité et quelques autres éléments tangibles. Cela fonctionne bien avec les acheteurs qui veulent que vous leur prouviez concrètement que votre solution est la bonne.

4. *Les options.* Le fait de demander au client lesquelles des options qui lui sont offertes lui conviennent le mieux lui procure un grand sentiment de contrôle sur la décision d'achat. À ce moment, vous aurez probablement réduit le nombre des options, de façon à pouvoir lui offrir, par exemple, une garantie prolongée, l'installation du produit ou d'autres caractéristiques mineures. Vous pourrez alors lui demander : « Laquelle de ces options préférez-vous ? »

5. *L'étape suivante.* Au lieu de proposer à l'acheteur de passer une commande, demandez-lui : « Pouvons-nous communiquer avec l'équipe d'installation pour prendre rendez-vous ? » ou « Pouvons-nous travailler avec le service des comptes fournisseurs pour arrêter une stratégie de financement ? » En s'y engageant, l'acheteur s'engage en fait à faire l'achat.

6. *Le résumé.* Cette approche met peu de pression sur les épaules du client et est particulièrement efficace si vous n'avez pas d'options définies à lui présenter. Fournissez-lui un résumé du point d'accord en insistant sur la satisfaction que lui procurera la solution. Par exemple : « Comme vous m'avez dit que vous songiez à des conteneurs plus légers pour réduire vos coûts d'expédition, j'aimerais vous proposer une commande initiale de 200 000 conteneurs de classe 2. Qu'en pensez-vous ? »

Gérer la crainte au moment de conclure la vente

Si votre expérience ne vous l'a pas déjà enseigné, vous risquez de l'apprendre bientôt : le métier de vendeur est l'un des plus stressants. Le sentiment de rejet est fréquent et celui d'accomplissement est faible, puisqu'il y a toujours une autre journée et de nouveaux quotas à atteindre.

Les vendeurs qui persévèrent et qui réussissent ont des moyens sains et proactifs de faire face à leurs craintes ; ils ne prétendent pas qu'elles n'existent pas, affirme John Boettcher, un psychologue industriel de Dallas, au Texas.

Les vendeurs qui débutent appréhendent tout particulièrement les étapes de l'argumentation et de la conclusion, où il faut demander au client de passer sa commande. Ils évitent donc souvent de poser la question, de peur de forcer la vente ou de se faire rejeter.

Mais, selon M. Boettcher, bien que cette crainte soit difficile à surmonter, on peut apprendre à la gérer et connaître ainsi du succès quand vient le temps de conclure une vente. Plus on acquiert d'habiletés à demander au client de passer sa commande, moins on a peur de le faire. Voici **8 conseils** à ce sujet.

1. Contrôlez vos pensées lorsque vous devez demander à un client de passer sa commande. « Même les meilleurs vendeurs se disent des choses comme "Je n'obtiendrai probablement pas ce contrat" ou "Je hais cette partie de la vente", affirme M. Boettcher. Reconnaissez qu'il est normal d'avoir peur d'être rejeté, puis allez de l'avant. » En fait, estime le psychologue, il faut plutôt s'inquiéter quand on n'éprouve aucune crainte.

2. Rappelez-vous que des millions de vendeurs vivent la même chose que vous. Parlez de vos craintes à d'autres et vous verrez que vous n'êtes pas seul. « Il est tacitement admis que les bons vendeurs n'en parlent jamais, mais cette règle est ridicule, soutient M. Boettcher. Les meilleurs employés ont dû surmonter bien des obstacles pour parvenir là où ils sont. Beaucoup sont prêts à offrir des conseils. »

3. « Reprogrammez » vos pensées. Transformez les pensées négatives que vous pouvez avoir au sujet de la conclusion de la vente en pensées positives, puis foncez. Un jour, on a demandé à Thomas Edison comment, malgré un millier d'échecs, il avait trouvé la force de persévérer et d'inventer l'ampoule électrique. Voici sa réponse. « Je n'ai pas eu 1 000 échecs, j'ai réussi. Mais, pour cela, il a fallu 1 001 étapes. »

   Au lieu de vous arrêter à l'idée « C'est à prendre ou à laisser », pensez à la réussite des étapes précédentes. Larry Wilson, fondateur de Wilson Learning Worldwide, a déjà dit, à la manière d'Edison : « Ne considérez pas que vous avez essuyé neuf refus avant de faire une vente, mais qu'il vous a fallu neuf étapes pour parvenir à votre but. »

4. Faites la différence entre vous et votre travail. « Il est important de comprendre que la personne qui rejette votre offre ne vous rejette pas, affirme encore M. Boettcher. Voyez le rejet comme un aspect de votre travail. Les infirmières ont mal aux pieds, les comptables ont mal aux yeux, et les vendeurs se font rejeter. Mais, si vous avez bien fait votre travail, vous avez le droit de demander au client de passer sa commande. »

5. Concentrez-vous sur ce que vous aimez. Vous n'aimez pas demander au client de passer une commande ? Soit. Mais nous avons tous à faire des choses qui nous déplaisent. Faites-les, puis passez à autre chose.

   Voici ce que suggère M. Boettcher sur ce point : « Attelez-vous aux tâches que vous aimez. Analyser la situation du client vous plaît ? Alors, analysez-la et déterminez la meilleure façon de conclure la vente avec ce client. Le moment venu, il vous semblera plus naturel de franchir cette étape. »

6. Rappelez-vous que le client s'attend à conclure une vente. Les clients ne sont pas naïfs ; ils savent qu'ils sont dans un processus de vente. Ils s'attendent à ce que vous leur demandiez d'acheter. Alors, allez-y. Ne les laissez pas dans l'incertitude.

7. N'oubliez pas que vous avez le droit de poser la question. Après vous être échiné à établir la confiance et être passé par les étapes de la découverte et de l'argumentation, vous pouvez proposer au client de passer sa commande. Pourquoi ? Parce que vous connaissez la situation à fond et avez recommandé au client une solution qui répond à ses besoins.

8. Récompensez-vous. Que vous ayez réalisé une vente ou non, si votre conclusion était bonne, complimentez-vous. Et, dernier conseil de M. Boettcher : « Récompensez-vous quand vous jugez avoir fait du bon travail, pas seulement quand vous obtenez un contrat. »

Le modèle EPCPA : faire tomber les objections

Il suffit de se rappeler une importante décision d'achat, par exemple l'acquisition d'une voiture, d'une chaîne stéréo ou d'appareils électroménagers, pour savoir quel type de questions un acheteur se pose avant de prendre une décision :

- Est-ce qu'on m'en donne vraiment pour mon argent ?
- Est-ce que je veux toutes les « options » ou si le modèle de base me suffit ?
- Le prix semble élevé. Est-ce que je pourrais faire une meilleur affaire avec un autre vendeur ?
- Combien de temps dois-je attendre pour la livraison ?
- Est-ce que je pourrais l'obtenir plus tôt ?
- Est-ce que je peux compter sur le service après-vente ?
- Cette entreprise a-t-elle fait ses preuves ?

Questions familières, n'est-ce pas ? Rien de plus normal, puisque c'est en se questionnant ainsi que chacun d'entre nous évalue ses besoins : on les jauge à la lumière de facteurs qu'on connaît déjà et on recueille le plus grand nombre de renseignements possible, afin de prendre une décision éclairée. Ce faisant, on se pose toutes sortes de questions – sur le prix, la qualité, le service, la livraison, etc. – qui seront déterminantes dans notre décision d'achat.

Il faut parfois se résigner à tolérer quelques inconvénients pour obtenir les résultats recherchés. Par exemple, on paye plus cher pour s'assurer le service dont on a besoin ou on accepte d'attendre plus longtemps pour la livraison d'un modèle spécial. Dans tous les cas, toutefois, on s'engage dans un processus d'évaluation qui consiste à peser le pour et le contre de ce qui nous est proposé. Et ce n'est que lorsque les avantages l'emportent largement sur les inconvénients qu'on achète.

Plusieurs vendeurs s'engagent dans le processus de vente en espérant que le client ne soulèvera pas « d'objections trop difficiles à réfuter ». Mais, s'ils y réfléchissaient quelques instants, ils admettraient que soulever des objections fait partie intégrante du processus d'évaluation.

Si le client considère qu'il ne doit pas prendre de décisions à la légère, il émettra très certainement des réserves et posera des questions afin d'être en mesure de faire un choix éclairé. Pour pouvoir répondre à ses questions et à ses objections, le représentant doit avant tout connaître ce qui est susceptible de préoccuper son client et aborder ces sujets de façon appropriée. En fait, cette étape l'aidera à édifier le type de relation qui conduit à la vente d'un produit ou d'un service.

« Réfuter les objections », une expression inexacte

Parmi les principes de la vente interactive, l'un des plus importants est certes qu'il faut établir une relation suivie fondée sur la confiance et le respect mutuels.

Durant le processus de vente, l'un des objectifs du vendeur est d'instaurer une relation de travail qui encourage le client à s'ouvrir et à discuter franchement de ses besoins. Pour établir ce type de relation, il importe de faire tout ce qu'il peut pour éviter les conflits.

L'expression « réfuter les objections » n'appartient d'aucune façon au vocabulaire de la vente-conseil. Ce serait suggérer que la tâche du représentant est de balayer les objections du client ou d'en minimiser l'importance, un peu comme s'il se mesurait à un adversaire dont il devrait triompher.

En matière de vente-conseil, les choses se présentent bien autrement ! On aborde les objections avec une tout autre attitude, en faisant preuve de compréhension et d'empathie envers le client. On ne « réfute pas ses objections » : on l'aide à répondre à ses questions et à départager les avantages et inconvénients.

Bien plus qu'une question de sémantique, il s'agit d'une attitude, d'une approche qu'on choisit de cultiver auprès de sa clientèle. Il n'y a aucune commune mesure entre le fait de traiter le client comme un adversaire en s'attendant à démolir son argumentation et celui d'aborder son interlocuteur avec respect en l'aidant à répondre à ses questions.

Un point d'accord irréfutable et une présomption d'achat formulée avec adresse ne garantissent pas la signature d'un contrat. Des objections peu opportunes ou parfois bizarres peuvent surgir à tout moment et saper vos efforts. Après l'obligation de demander au client de passer sa commande, la nécessité de réfuter les objections est le deuxième aspect du travail que les vendeurs appréhendent le plus.

Les meilleurs considèrent cependant les objections comme des occasions et non comme de funestes présages. Ils savent qu'elles sont le reflet de doutes, cachés ou manifestes, et qu'elles leur offrent une nouvelle chance de vaincre ces hésitations.

« Une objection claire m'inquiète rarement, et je ne m'en fais pas non plus si un client me crie après, explique Pat Carey, représentant commercial d'IBM. Je m'inquiète plutôt lorsqu'un client devient silencieux et que son enthousiasme disparaît. Une objection exprimée clairement est une occasion qu'il faut saisir. »

En cherchant à résoudre un problème en répondant à la question, vous avez non seulement de meilleures chances de vaincre les objections du client, mais vous pouvez aussi améliorer votre relation avec lui. De nombreux vendeurs conformistes, lorsqu'ils font face à des objections en fin de processus, tentent de forcer leur solution au lieu de clarifier ces objections.

Ainsi, si un client critique le prix de l'offre, le vendeur conformiste réagira en insistant sur la valeur — les avantages dont profitera le client pour un tel prix —, mais en présentant celle-ci sous un autre angle. Le vendeur-conseil, lui, retournera à l'étape de la découverte pour en apprendre davantage sur l'objection soulevée.

L'objection touche-t-elle la valeur ou est-elle relative au budget? S'il s'agit d'une question de budget et que le client n'a pas les fonds pour faire l'achat au prix négocié, il se peut que vous lui ayez proposé la mauvaise solution et que le marché ne puisse être conclu.

Il est important de connaître la question qui sous-tend une objection. Le modèle EPCPA est une méthode éprouvée pour aller au fond de la question. Ce sigle signifie : Écouter, Partager, Clarifier, Proposer une solution, Agir. Cette approche est recommandée par les professionnels de la santé mentale aussi bien que par les spécialistes de la vente pour résoudre les objections et les conflits personnels et professionnels.

Écouter

Encouragez les clients à parler ouvertement de ce qui les tracasse. Keith Sondrall suggère de les écouter jusqu'à ce qu'ils soient épuisés. « Tant qu'il est tendu, l'acheteur n'est pas en état d'entendre parler d'éclaircissements ou de solution à son problème. Donc, écoutez-le jusqu'à ce qu'il cesse de parler. Prêtez attention à ce que ses yeux disent, c'est-à-dire à la façon dont il vous regarde, et à la façon dont il manipule ses papiers sur son bureau. »

Selon M. Sondrall, à cette étape, une bonne écoute permet de déceler les hésitations du client : « Dans toute situation, il y a plusieurs points de vue. L'acheteur le sait et veut être sûr que vous tenez compte du sien. Par conséquent, écoutez-le, non pour faire ressortir les faits d'une situation, mais pour vous montrer sensible à ses sentiments. »

Partager

« Partagez les hésitations du client sans les juger, conseille encore M. Sondrall. Montrez-lui que vous comprenez et que vous respectez la façon dont il perçoit le problème, même si sa perception ne correspond pas à la vôtre. Il est bon de lui dire : "Je peux comprendre pourquoi vous ressentez cela" ou "Vous semblez prendre cette chose très à cœur". »

Évitez à tout prix de discuter de la perception de l'acheteur. Il est difficile de calmer une personne pendant un débat. L'objectif est que le client revienne à la raison pour que vous puissiez ensuite résoudre le problème.

Clarifier

Souvent, les hésitations du client ne portent pas sur le véritable problème. Il arrive que ses doutes lui viennent de ses patrons. Il se peut même qu'il vous les attribue, parce que vous êtes une cible facile. M. Sondrall ajoute : « Vous devez aller au fond du problème pour savoir s'il tient du fait que votre produit est trop cher ou s'il s'explique par de nouveaux critères qui doivent être considérés dans la décision d'achat. »

Pour clarifier une objection ou une hésitation, utilisez un des moyens suivants.

- Posez des questions objectives et subjectives (voir page 59 pour quelques exemples).
- Reformulez le problème dans vos mots et posez des questions pour savoir si vous avez bien compris ce que dit le client.
- Transformez l'objection en question. Par exemple : « Donc vous vous demandez où vous prendrez le temps d'apprendre les fonctions du système. »

Si vous vous rendez compte que le problème diffère de celui dont l'acheteur faisait état au départ, reprenez le processus. « Dans certains cas, il faut passer trois ou quatre fois par les étapes de l'écoute, du partage et de la clarification avant d'arriver au cœur du problème, affirme M. Sondrall. Par ailleurs, certains clients ne se rendent pas compte que ce sont eux le problème. D'autres sont gênés d'admettre qu'il s'agit d'un problème interne. »

Jonathon Smythe, représentant commercial pour Medtronic, multinationale fabriquant des instruments médicaux, sait tout le retard qui peut être accumulé durant un processus de vente.

Il n'y a pas si longtemps, il était convaincu qu'un hôpital lui achèterait des stimulateurs cardiaques en grande quantité. À la toute fin, durant une rencontre qu'il considérait comme une simple formalité, a surgi une objection de taille : « Le principal décideur venait de dire qu'il serait trop long et trop coûteux de former des médecins pour utiliser le stimulateur, et que celui qu'ils utilisaient fonctionnait très bien. J'étais sidéré. Je me rappelle m'être dit : "En arriver là après tout ce travail !" »

Plutôt que de se mettre sur la défensive, Jonathon a écouté le décideur parler de son problème. « Je lui ai posé quelques questions pour clarifier la situation et j'ai fini par comprendre que le problème venait en fait d'une nouvelle procédure d'achat, qui l'obligeait à inclure les coûts de formation dans ses budgets d'achat. De plus, ce décideur était sous évaluation : on vérifiait sa capacité à respecter un budget et à prendre des décisions d'achat pour l'année suivante. Tout ça en quelques semaines seulement. Il était frustré et un peu inquiet. »

En suivant le processus EPCPA, Jonathon a revu sa proposition et a réussi à calmer les craintes que l'acheteur avait au sujet du temps et des coûts de formation. Il a su analyser la situation, faire preuve de créativité et réduire la tension. « J'ai ensuite montré à ce client que je tenais à lui en modifiant ma proposition en un très court laps de temps. J'ai obtenu le contrat, et ce client m'est aujourd'hui très fidèle. »

Proposer une solution

Selon M. Sondrall, une fois qu'une objection est bien comprise, il faut la traiter comme s'il s'agissait d'un micro-accord. « Réfléchissez aux solutions et invitez le client à participer à votre remue-méninges. Donnez des exemples décrivant comment vous avez déjà résolu des problèmes similaires. Considérez cet exercice comme un "petit contrat de vente" à l'intérieur d'un "gros contrat". »

Imaginons, par exemple, que vous vendiez des produits chimiques et qu'un de vos clients se plaigne de votre service de livraison. On lui a dit que vous pouviez livrer dans les 24 heures, mais, à deux reprises au cours du premier mois de votre entente, la livraison a été effectuée dans les 48 à 72 heures. Il est en colère. Quelle solution lui proposer?

Tout d'abord, examinez la situation avec les employés. Quel est le problème selon eux? Le client a-t-il commandé une plus grande quantité que prévu? A-t-il demandé que la livraison soit faite la fin de semaine ou pendant un congé? Votre entreprise a-t-elle réduit les effectifs du service de livraison? Les commandes parviennent-elles assez rapidement aux préposés de ce service?

Supposons que le problème ne vienne pas de chez vous. Le client a peut-être acheté des installations à l'extérieur de la zone où vous livrez en 24 heures. Dans ce cas, vous ne pouvez lui offrir le service qu'il désire, mais vous pouvez l'aider à résoudre son problème. Posez-lui des questions afin de savoir pourquoi il a besoin des produits dans un délai aussi bref. Voici quelques exemples.

- Est-ce un problème d'entreposage? Le client manque-t-il de place pour conserver une quantité raisonnable de produits? Si oui, voyez si vous ne pouvez pas l'aider à trouver un entrepôt près de son usine. Vous pourriez aussi lui dire qu'un autre de vos clients remise ses produits à son usine principale et livre ensuite de nuit à ses clients. Il se peut que, pour rendre cette solution plus attrayante, vous ayez à revoir vos prix d'achat en gros.

- Est-ce un problème de comptabilité? Certains systèmes comptables obligent le service interne à «payer» le produit à la réception, au lieu d'effectuer un calcul au prorata des livraisons. À certains moments de l'année, cela peut désorganiser le budget des services. Si votre client est dans cette situation, il y a peut-être moyen de déterminer 72 heures à l'avance, au lieu de 24, la quantité de produits chimiques dont il a besoin.

Vous pourriez aussi lui dire qu'un autre de vos clients, après quelques recherches, a découvert que ce problème relevait d'un manque de personnel. Personne n'avait le temps de vérifier les stocks. Les besoins étaient donc toujours urgents. Vous pourriez résoudre le problème en demandant à votre service des commandes d'appeler le client une fois par semaine pour vérifier ses stocks.

- Est-ce un problème d'assurance ? Si votre produit est très volatil ou représente un danger, le service de gestion des risques du client peut refuser qu'il y en ait trop dans l'entrepôt. Encore une fois, organisez une séance de remue-méninges pour trouver des moyens de rendre acceptable la livraison en 72 heures.

- Les besoins fluctuent-ils de façon importante ? Certains services de fabrication ne savent que 24 heures à l'avance quel produit ils vont fabriquer. Si c'est le cas de votre client, vous pourriez évaluer la quantité de produits nécessaire pour trois jours de travail et veiller à ce qu'elle se trouve en tout temps dans l'entrepôt du client.

Agir

À la dernière étape du processus EPCPA, le vendeur cherche à obtenir l'avis de l'acheteur sur la solution proposée pour faire tomber son objection et relancer l'action.

Selon M. Sondrall, une fois le processus de vente réengagé, il y a une chose à faire : conclure la vente sur présomption d'achat pour résoudre l'objection. Il ajoute que toutes les techniques de conclusion de vente sur présomption d'achat fonctionnent bien. Le choix dépend de la personnalité du vendeur et de l'objection qui a été formulée. Mais il faut s'assurer d'appliquer les tactiques suivantes.

- Invitez l'acheteur à reconnaître le problème. « Je demande aux clients de me rendre service en me faisant part de leur véritable problème dès le début pour que nous puissions le régler le plus rapidement possible, explique M. Sondrall. Après tout, nos rapports sont bons et nous sommes tous les deux responsables de faire avancer les choses. »

- Fixez une échéance. Comme les objections entraînent des modifications mineures au plan de vente, il faut les traiter le plus vite possible. « Déterminez la date et l'heure où vous aurez une réponse ou une nouvelle proposition écrite, puis passez à l'étape suivante, c'est-à-dire à la présentation ou à la conclusion de la vente sur présomption d'achat », conseille M. Sondrall.

- N'acceptez pas de réponse négative de la part du client. Selon M. Sondrall, « l'acheteur qui hésite à s'engager a sans doute un autre problème. Vous devez alors revenir à l'étape de la clarification et reprendre le processus ».

Régler une objection complexe

Bien que le processus EPCPA puisse ne demander qu'une rencontre, certaines objections, surtout celles qui sont complexes et qui engagent plus d'un décideur, sont longues à résoudre.

Dans certains cas, la personne qui soulève une objection ne connaît pas tous les éléments de l'affaire. Elle se fonde sur un portrait incomplet de la situation ou ne se livre qu'à une lutte de pouvoir. Les approches suivantes peuvent vous aider à aller au cœur du problème et à régler une objection complexe.

1. Passez en revue le problème et le point d'accord afin de vous assurer que le client et vous parlez de la même chose. Vous pourriez communiquer brièvement, par téléphone ou en personne, avec tous ceux que vous avez rencontrés pendant l'élaboration du point d'accord pour être sûr que vous n'avez pas dévié de votre route ou raté quelque chose.

2. Posez des questions de vérification pour savoir quelles parties de votre solution ne sont pas claires ou ne conviennent pas. Vous obtiendrez des réponses du type : « Ça fonctionne dans mon service, mais ce n'est peut-être pas une bonne idée pour le service XYZ. » Insistez.

3. Tenez compte des raisons à l'origine de l'objection. Les motivations techniques de l'acheteur portent sur les aspects pratiques du problème. Elles se rapportent en général à deux enjeux : comment justifier l'achat sur le plan opérationnel, et comment le justifier sur le plan financier. Quant aux motivations personnelles, elles concernent les raisons pour lesquelles la personne prend la décision d'acheter ou la satisfaction que lui permet d'envisager la solution.

Choisissez votre approche en fonction du type d'objection. Voici quelques tactiques à cet égard.

Tenir compte des motivations techniques

Si, pour le client, l'achat se justifie sur le plan opérationnel (façon dont le produit ou service va améliorer la productivité, réduire les erreurs, faire gagner du temps, etc.), il faut répondre à **3 questions.**

1. La perturbation des opérations sera-t-elle importante ?
2. Considérant la situation du client, est-ce la meilleure solution ?
3. Cette solution continuera-t-elle d'être la meilleure à moyen terme ?

Si, pour le client, l'achat se justifie sur le plan financier (valeur, rentabilité, etc.), il faut également répondre à **3 questions.**

1. Cette solution permettra-t-elle des économies ou des profits ?
2. Son coût est-il intéressant ?
3. Comment le client paiera-t-il ?

Pour faire tomber ces objections, choisissez, suivant la situation du client, la tactique la plus appropriée parmi les suivantes.

L'option choisie se paiera d'elle-même

Cette méthode permet de montrer comment les bénéfices qu'engendre l'utilisation du produit ou du service finissent par contrebalancer son prix d'achat. Ainsi, si une entreprise gagne ou économise le tiers de son investissement initial chaque année, l'usage du produit ou du service permet de le payer en trois ans. Ensuite, il génère des profits.

Le rendement du capital investi

Dans ce cas, il faut demander au client de considérer l'achat comme un investissement et lui montrer que celui-ci aura un rendement intéressant, en profits ou en économies. Le taux de rendement se calcule en divisant le montant gagné ou économisé par le prix d'achat.

Par exemple, une entreprise qui, après 5 ans, a gagné ou économisé 100 000 $ grâce à un appareil acheté 50 000 $ profite d'un rendement de 200 % sur le capital investi au terme de la cinquième année. Le vendeur peut ainsi dire : « À partir de ces chiffres, chaque dollar investi dans cet appareil vous rapporte 4 $ par année en économies ou en gains. »

Le prix par rapport au coût

Bien des vendeurs redoutent le moment où ils doivent dire le prix de leur produit. Pas parce qu'ils croient qu'il est trop élevé — lorsqu'ils connaissent bien leur produit, ils savent que le prix est juste —, mais parce qu'ils craignent que le client potentiel ne le comprenne pas.

Pour que le prix d'un produit soit plus élevé que celui des produits concurrents, il faut de bonnes raisons. Par exemple : ses pièces sont de meilleure qualité ; l'entreprise dépense beaucoup pour en améliorer la conception ; sa garantie est plus complète ; le service offert s'étend sur un réseau plus vaste ou comprend une formation gratuite permettant au client d'apprendre à s'en servir.

Quand un produit coûte cher, il revient au vendeur d'expliquer que sa « valeur globale » en fait un meilleur choix que ceux de la compétition. Pour justifier la valeur de leur produit, certains vendeurs proposent des preuves tangibles (souvent avec un certain effet dramatique). Par exemple, ils couchent sur papier, ou font défiler à l'écran de leur ordinateur, tous les coûts relatifs à leur produit et à celui de leur principal concurrent.

Et ils montrent comment, avec des frais d'exploitation, des coûts de soutien technique et d'entretien plus élevés, une plus faible valeur de revente, etc., le produit le moins cher coûte en fait davantage que le leur. Ils ajoutent souvent que leur produit offre un meilleur rendement.

Pour certains clients, il peut être crucial d'obtenir un prix d'achat peu élevé. Mais lorsqu'ils comprennent qu'il y a des coûts cachés à ajouter au prix de base d'un produit concurrent, bon nombre consentent à payer plus cher à l'achat.

Le coût unitaire

Cette méthode permet de justifier un prix très élevé et de montrer qu'il est en fait très raisonnable en le divisant par le nombre de pièces qui composent le produit. Une variante de cette approche consiste à faire l'inverse.

On commence par fixer une valeur raisonnable à chacune des composantes, on fait le total, puis on attire l'attention du client sur le fait que le produit est vendu à un prix inférieur. Ce dernier se rend ainsi compte, même s'il considérait d'abord que le produit était trop cher, que sa valeur est en fait plus importante que son prix.

Prenons l'exemple des courtiers en valeurs mobilières, qui facturent chaque transaction qu'effectuent leurs clients, et disons que les frais d'une maison de courtage s'élèvent à 1 % du prix d'achat des actions.

Votre maison de courtage, elle, offre à ses clients un programme de fidélisation qui coûte 10 000 $ par an et permet un nombre illimité de transactions. Dans le cadre de ce programme, vous demandez en outre des frais représentant 0,25 % des transactions au-delà de 1 million de dollars. Comme tout cela semble un peu compliqué, vous préparez le tableau suivant.

Commissions

Transactions $	Ma maison de courtage	Le compétiteur
500 000 $	10 000 $	5 000 $
1 million $	10 000 $	10 000 $
2 millions $	12 500 $	20 000 $

Lorsque la somme des transactions s'élève à 2 millions, les coûts par transaction sont de 0,625 %, tandis que ceux de la maison concurrente sont de 1 %. Il est donc évident que, si le client fait pour 1 million de dollars de transactions ou plus, il économise en faisant affaire avec vous.

L'industrie des ordinateurs personnels a su transformer cette stratégie en art. Il est bien sûr encore possible d'acheter séparément l'ordinateur, les périphériques et les logiciels, mais les vendeurs les offrent en général ensemble, ce qui leur permet de les proposer à un prix moindre que s'ils étaient vendus séparément. Il est ainsi possible de se procurer un système complet à très bon prix. S'il fallait payer le plein prix pour chaque morceau, le tout reviendrait cher.

Tenir compte des motivations personnelles

Nous l'avons dit, les gens n'achètent pas d'abord un produit, mais l'idée qu'ils se font du service que celui-ci leur rendra. Aucun acheteur, pas même le préposé aux achats le plus blasé, ne choisit un produit sans penser à l'impact qu'il aura sur lui personnellement.

Certains clients soulèvent parfois des objections techniques, alors que des raisons personnelles les préoccupent. Il est donc important, en présentant une solution, de tenir compte des motivations personnelles du client lorsqu'on réagit à une objection ou à un ensemble d'objections.

Si vous avez bien fait votre travail de découverte, vous devriez avoir une bonne idée des motivations personnelles des décideurs. Voici cependant quelques idées qui vous permettront d'adapter votre argumentation en fonction des principales motivations personnelles de vos clients.

Tenir compte du besoin de pouvoir

L'acheteur préoccupé par le pouvoir cherche à accroître son contrôle sur certains aspects de la situation. Nous ne parlons pas ici forcément de pouvoir autoritaire. Ce besoin peut se refléter dans des cas simples, comme le fait, pour un chef du service des pièces, de vouloir augmenter son stock de pièces d'occasion rares.

S'il y parvient, il s'évitera des maux de tête et paraîtra bien aux yeux de ses collègues. Si vous réussissez à lui montrer comment votre solution lui assurera le contrôle de la situation, vous augmenterez vos chances de le voir acheter.

Pour tenir compte de ce besoin, cherchez des moyens qui permettent au client :

- d'étendre son contrôle sur les employés, les procédures, le temps ou les renseignements ;
- d'augmenter son efficacité ;
- d'améliorer le processus de prise de décision ;
- de faire des choix entre diverses options ;
- d'augmenter sa liberté d'action ;
- d'accroître son autorité ;
- d'élargir son accès à des personnes ou à des postes importants ;
- de rendre son action possible dès maintenant.

Tenir compte du besoin de reconnaissance

Le besoin de reconnaissance est une motivation importante chez certains acheteurs. En le sachant, vous ferez en sorte, dans votre présentation, de mettre l'accent sur des moyens permettant d'obtenir une certaine visibilité.

Imaginons que vous travailliez pour une entreprise qui vend des composantes informatiques. Vous rencontrez l'acheteuse d'un important fabricant d'ordinateurs et vous sentez rapidement qu'elle a besoin de reconnaissance et cherche à attirer l'attention sur ses capacités en matière d'achat et de marketing. Votre produit a connu un grand succès dans les marchés-tests. Voici comment vous pourriez aborder cette acheteuse.

1. Lui présenter votre produit comme étant unique et différent.
2. Lui dire qu'elle peut être la première dans son marché à se le procurer.

3. Lui expliquer que ce choix la placera en position de leadership.

4. L'informer que tel acheteur, dans tel autre marché, a été félicité pour avoir introduit ce produit dans son domaine.

Tenez compte du besoin de reconnaissance en aidant votre client :

- à être un héros ou un leader ;
- à être premier ;
- à créer l'originalité ;
- à accroître sa visibilité et à améliorer ses chances de se faire connaître ;
- à être un agent de changement et à faire les choses en grand ;
- à devenir un exemple pour les autres ;
- à devenir plus talentueux ;
- à être un formateur reconnu ;
- à augmenter son estime de soi.

Tenir compte du besoin d'approbation

Les acheteurs qui ont besoin d'approbation veulent être certains que toutes les personnes participant au processus de décision seront heureuses du choix final. Ils craignent de semer la pagaille ou de contrarier autrui.

Pour profiter du besoin d'approbation d'un acheteur, vous pouvez lui expliquer que votre produit est populaire dans les entreprises qui en ont fait l'achat ou parler de l'intérêt qu'il suscite dans le marché en général.

Vous pouvez aussi lui offrir une garantie pour qu'il comprenne que vous êtes prêt à partager les risques. Dans la foulée de cette offre, il est judicieux de mentionner que d'autres personnes dans son entreprise voient d'un bon œil l'achat de votre produit (évidemment, vous devez d'abord vous assurer de cet appui).

Pour tenir compte du besoin d'approbation, cherchez :

- à montrer que votre idée est populaire (tout le monde en veut) ;
- à fournir un service après-vente ;

- à aider le client à la vendre aux autres ;
- à éviter les conflits ou la controverse ;
- à minimiser et à partager les risques ;
- à fournir des données justificatives ;
- à prouver sa fiabilité ;
- à protéger les réputations ;
- à accroître l'estime de soi.

Tenir compte du besoin de respect

Les acheteurs qui ont besoin de respect veulent montrer et prouver leur compétence. Ils aiment être reconnus comme des personnes qui savent comment les choses fonctionnent ou pourquoi elles surviennent.

Une bonne façon de procéder avec ce type d'acheteur est de lui montrer comment votre produit complète son travail, ce qui confirme son expertise. La « nouveauté » est aussi efficace, car elle lui offre la possibilité d'être la personne la plus compétente de son entreprise dans le domaine en question.

Un autre moyen est de profiter de son besoin d'avoir raison. Vous pouvez ainsi lui montrer en quoi votre produit corrobore des études déjà menées, justifie des achats déjà faits et renforce des conclusions déjà émises.

Pour tenir compte du besoin de respect, cherchez des moyens :

- d'aider le client à être reconnu comme expert ;
- de partager des résultats de recherches solides ;
- de fournir des plans méthodiques ;
- d'évaluer les progrès ;
- d'utiliser des propositions écrites ;
- de développer de nouveaux talents ou de nouvelles habiletés ;
- d'utiliser une démarche scientifique ;
- de fournir des renseignements spéciaux ou uniques ;
- de laisser le client « agir par lui-même ».

La vente gagnant-gagnant chez IBM

C'est en utilisant son aptitude à résoudre des problèmes et en faisant preuve de psychologie, et non en suivant des méthodes conventionnelles pour persuader les clients ou en jouant les experts, que Pat Carey, représentant d'IBM, a réussi à devenir le meilleur dans son domaine, la vente de systèmes informatiques à des multinationales.

« Je me considère comme un négociateur, affirme-t-il. Je cherche toujours à trouver un terrain d'entente. J'examine deux choses : le but que veut atteindre le client et la façon de l'aider à y parvenir. Il s'agit d'une approche directe, une approche gagnant-gagnant. »

Pour conclure une vente, Pat mise davantage sur ses connaissances en anthropologie, en conception, en rédaction et dans certains autres domaines (représentant la « roue avant » dans l'analogie de la bicyclette) que sur ses connaissances techniques. « Les gens croient que je suis un maniaque d'informatique, mais je ne connais pas à fond le fonctionnement des ordinateurs. Je préfère trouver des façons originales de résoudre les problèmes et savoir ce que pensent les gens. »

Quant aux vendeurs qui font des promesses en l'air sur les prix, les modes de livraison et d'autres conditions de vente, ils exaspèrent Pat. « Quand une chose est impossible, je dis aux clients qu'elle est impossible. Je leur explique qu'ils ne seront pas satisfaits et que mon but est de les satisfaire. En général, ils apprécient mon honnêteté. Les mauvais vendeurs font des promesses qu'ils ne peuvent pas tenir simplement pour mettre fin à une négociation. Mais, un peu comme les enfants qui mentent, ils en rajoutent tellement que le problème finit par leur sauter dans la figure. »

Pour ce qui est de l'étape cruciale de la conclusion de la vente, Pat ne la considère pas comme une question de vie ou de mort. « La conclusion de la vente est la suite naturelle du travail qui a été accompli. Bien sûr, l'acheteur doit signer un document officiel, mais cet acte semble alors avoir une importance mineure après tout le travail effectué. Le client et moi travaillons en étroite collaboration, de sorte que cette étape apparaît davantage comme une entente que comme une vente. Je n'ai même pas besoin d'y penser. »

Selon lui, deux autres facteurs de réussite dans le domaine de la vente sont un bon service à la clientèle et le respect de la perception du client, que celui-ci ait raison ou tort. « Nous n'aimons pas admettre que nous avons tort ou que tout n'est pas parfait, mais c'est souvent ce que nous avons de mieux à faire, ajoute-t-il. Par conséquent, pour ce qui est de la perception, j'examine toujours les raisons pour lesquelles un client peut avoir besoin d'attention. »

Au début de sa carrière, Pat dirigeait un commerce d'alimentation. Une cliente d'un certain âge venait presque chaque jour au magasin se plaindre d'une chose ou d'une autre. « Le personnel la détestait, mais je me disais que c'était peut-être une personne seule qui cherchait seulement un peu de chaleur humaine. Un jour, elle est arrivée au comptoir du service à la clientèle pendant que j'y travaillais. Elle m'a dit que le chou qu'elle venait d'acheter était "méchant". Avec un air très sérieux, j'ai pris le chou dans mes mains et je me suis mis à l'examiner. Puis j'ai donné des coups sur le chou en disant : "Méchant chou, tu n'es vraiment pas gentil." Je le lui ai remis en ajoutant : "Je crois qu'il sera plus gentil maintenant." À la surprise de tout le monde, cette cliente, qui avait toujours été malcommode, s'est mise à rire. »

À partir de ce jour, chaque fois qu'elle venait au magasin, elle parlait quelques instants avec Pat. Oui, c'était une cliente difficile, mais elle dépensait régulièrement son argent dans ce commerce et ne demandait qu'un peu d'attention.

5 | La satisfaction

Nous avons sans doute tous déjà éprouvé le sentiment suivant : nous sommes enthousiasmés par le système informatique, le meuble ou la voiture que nous décidons d'acheter mais, à mesure que se rapproche le moment de payer, notre intérêt tombe et, la gorge serrée, nous nous disons : « Est-ce une bonne idée ? Je n'ai pas les moyens de payer ça. L'entreprise n'en a pas besoin. Ce produit n'est sans doute pas aussi solide que le dit la publicité. » Ce sont les « remords du client ».

Ils surgissent dans nombre de situations de vente, du simple achat d'un vêtement jusqu'à celui d'une machine de plusieurs millions. Mais plus la décision est lourde de conséquences, plus le produit est cher et plus le nombre de décideurs est élevé, plus ces remords sont prévisibles.

Un tout nouveau chapitre du processus de vente débute à la conclusion de la vente. Même si toutes les étapes précédentes ont été bien menées, le doute qui assaille le client lorsque vient le moment de sortir son portefeuille peut réduire à néant le travail du vendeur.

Ce dernier n'a pas toujours conscience que l'acheteur a des remords. Le client, au lieu de formuler sa plainte de façon explicite, la camoufle souvent derrière des faux-fuyants. Il dit rarement : « J'ai peur. » Sa tension s'exprime plutôt sous forme de comportements défensifs, dont le vendeur a dans bien des cas à faire les frais.

« RIEN NE PRESSE »

L'étape de la satisfaction débute bien avant la signature du contrat ou le paiement. Le vendeur doit y penser dès qu'il formule ses recommandations (étape de l'argumentation), car même si le client croit avoir pris une bonne décision, un élément qui l'angoisse ou le fait hésiter peut subsister. Les remords de l'acheteur peuvent être détectés dans les commentaires et les comportements suivants.

- « Il est assez risqué de faire cet achat alors que la conjoncture économique est aussi incertaine. »
- « En fait, rien ne presse. »
- « Je dois consulter d'autres personnes. »
- « On dit qu'un nouveau vice-président des achats sera nommé. Je ne peux donc prendre de décision pour le moment. »
- Le client ne rappelle pas le vendeur.
- Le client change de sujet.
- Le client reporte continuellement les rencontres.

Toutes ces « raisons » n'ont pas grand-chose à voir avec la décision d'achat, mais l'acheteur est nerveux et cherche à le cacher. Les clients potentiels qui sont sur la défensive optent pour le combat ou pour la fuite.

Ils peuvent s'en prendre au vendeur, à l'entreprise ou au produit : voilà des réactions de combat. Ou alors ils essayent de gagner du temps, cherchent des prétextes ou soulèvent de vagues objections, laissant le vendeur dans l'expectative : voilà des réactions de fuite.

Le comportement de fuite est souvent accompagné d'une version du « Ne vous donnez pas la peine de m'appeler ; je vous appellerai ». Certains clients peuvent même mêler des comportements de combat et de fuite.

Un acheteur tend à suggérer par son comportement que « rien ne presse » chaque fois qu'il craint qu'une décision d'achat n'entraîne des pénalités ou des sanctions qui soient plus importantes que les avantages attendus. Ses appréhensions sont habituellement liées à des motivations personnelles ou techniques. Voici quelques craintes relatives à la tâche (donc techniques).

- Une perte de profits. «Ce nouveau système informatique augmentera-t-il le rendement ou causera-t-il une hémorragie financière? Je pourrais encaisser toute une défaite!»
- Des coûts excessifs. «Je vais devoir réduire les dépenses ailleurs pour payer ce produit. Mais où?»
- Un rendement insuffisant. «Bien sûr, il me dit que cet appareil est fiable. Mais que se passera-t-il s'il ne donne pas les résultats escomptés? Et si c'est un citron?»
- Des efforts supplémentaires. «Selon moi, faire affaire avec ce fournisseur aura une seule conséquence: augmenter notre charge de travail.»

Les clients peuvent aussi exprimer les craintes personnelles suivantes.

- Une perte de pouvoir. «Si j'achète ce logiciel, c'est Shirley qui va en tirer profit. C'est elle que les patrons iront voir pour régler leurs pépins, et non plus moi.»
- Une diminution de la reconnaissance. «Par le passé, j'ai pris de bonnes décisions pour l'entreprise. C'est encore ce que l'on me demande. Mais qu'arrivera-t-il si, cette fois, je fais une erreur?»
- La désapprobation. «Je sais bien ce que les patrons diront si ça ne fonctionne pas. Je pourrais être congédié.»
- Une perte de respect. «Si ça ne marche pas, je serai la risée de toute la division.»

Vous devez réussir à vaincre ces hésitations et aider le client à prendre une décision éclairée. Sinon il y a peu de chances qu'il se presse d'acheter.

LA ZONE D'INDIFFÉRENCE

Que le contrat soit signé ou non, le client et vous entrerez dans une « zone d'indifférence ». Il s'agit d'une période transitoire où l'acheteur n'éprouve encore ni satisfaction ni insatisfaction. La plupart des gens qui se trouvent dans cette zone ressentent de l'incertitude et attendent de voir s'ils seront contents ou non.

Si le contrat est signé, ils peuvent avoir certains regrets. S'ils n'ont rien signé, beaucoup trouvent des excuses pour ajourner la décision d'achat.

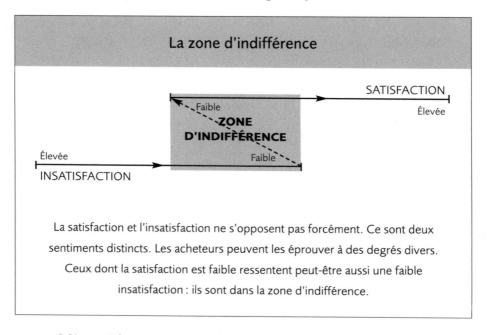

La satisfaction et l'insatisfaction ne s'opposent pas forcément. Ce sont deux sentiments distincts. Les acheteurs peuvent les éprouver à des degrés divers. Ceux dont la satisfaction est faible ressentent peut-être aussi une faible insatisfaction : ils sont dans la zone d'indifférence.

Même si leurs propos et leur langage corporel semblent indiquer de l'insatisfaction, les clients qui se trouvent dans la zone d'indifférence ne sont pas nécessairement insatisfaits. Ils ont seulement besoin d'être rassurés et soutenus.

« Il est facile de pousser dans une direction ou une autre les clients qui se trouvent dans cette zone, affirme Keith Sondrall. Si vous faites l'erreur de les ignorer ou si vous n'avez aucun égard pour eux, ils deviendront vite insatisfaits. Mais si vous leur offrez un soutien éclairé et les aidez à prendre leur décision, ils seront satisfaits. »

Il est par ailleurs connu qu'un client très satisfait peut représenter un grand avantage. D'abord, il est plus facile de lui vendre d'autres produits que d'attirer de nouveaux clients. Selon des études du National Sales Council de Washington, il faut dépenser trois fois plus d'argent pour trouver un nouveau client que pour alimenter les relations avec un client fidèle. Les frais de publicité et de prospection sont très élevés.

De plus, un client ravi parlera de vous à ses amis, à ses collaborateurs, aux membres de sa famille, etc. Il vous recommandera à des chefs de service de son entreprise et vous passera d'autres commandes sans trop hésiter.

Le bouche-à-oreille est particulièrement efficace dans le monde réseauté d'aujourd'hui. Les très bonnes expériences de vente et de service, comme les très mauvaises, se propagent à la vitesse de l'éclair grâce aux courriels, aux groupes de discussion et au réseau Usenet.

De plus, des études réalisées par le cabinet de consultants e-Satisfy.com (autrefois le Technical Assistance Research Programs) montrent que les clients dont le problème a été efficacement résolu peuvent même être plus fidèles envers une entreprise que s'ils n'avaient eu aucun problème.

AIDER OU CONTRÔLER :
LES 4 PILIERS DU SOUTIEN À LA CLIENTÈLE

Tout élément de soutien offert au client doit être solide et polyvalent. Si vous bâtissez une maison sur deux semelles de fondation, vous aurez des problèmes. Si vous la stabilisez avec quatre points d'ancrage, vous aurez une bonne structure. C'est la même chose avec le système de soutien, que l'on propose au client à la dernière étape du processus de vente.

En mettant en pratique les recommandations formulées dans les pages suivantes, vous répondrez aux besoins du client qui se trouve dans la période d'incertitude séparant la décision d'achat et la mise en œuvre du produit ou du service. De plus, vous jetterez les bases d'une fructueuse relation à long terme.

Les quatre piliers en question consistent à :

1) renforcer la décision d'achat ;
2) piloter la mise en œuvre ;
3) résoudre les insatisfactions ;
4) enrichir la relation.

Les stratégies que nous vous proposons vous permettront de répondre aux questions que se pose le client après la vente. Ces interrogations sont souvent les suivantes.

- Comment puis-je savoir si tout se passera comme vous le dites ?
- Comment puis-je savoir si votre solution donnera les résultats prévus ?
- Comment puis-je savoir si votre solution est la meilleure ?
- Comment puis-je savoir, avec les changements rapides qui se produisent dans le marché, si votre solution continuera d'être la meilleure ?

Le premier pilier : renforcer la décision d'achat

Tevilla Riddell, directrice de Riddell Resources Group, de Cincinnati, et conseillère en chef chez Wilson Learning, se rappelle du jour où elle a acheté une Saab : « La voiture me plaisait, mais je me suis soudain dit que c'était un gros investissement. Je n'étais plus certaine d'en avoir les moyens. » Le vendeur était un expert dans l'art de renforcer une décision d'achat. Un court appel de suivi a eu un effet fort positif.

« Quand il m'a téléphoné, je lui ai fait part de mes remords, poursuit Mme Riddell. Il aurait pu les ignorer, puisqu'il avait fait sa vente. Il m'a plutôt rappelé qu'il s'agissait d'un bon investissement, a insisté sur le fait que la Saab perdait peu de valeur et m'a dit que je pourrais

interrogations du client (annotation manuscrite)

facilement la revendre sans perdre d'argent. Je ne sais pas ce que j'aurais ressenti s'il ne m'avait pas appelée. Je sais cependant que je n'aurais pas été si contente de mon achat aussi vite. »

Voici donc le but du premier pilier du soutien au client : faire en sorte qu'il continue d'être content de son achat. Le vendeur peut ainsi apaiser les remords ou les hésitations du client tout en augmentant ses chances de bâtir avec lui une relation à long terme et d'obtenir le nom d'autres clients.

À cela, Donald Luce, directeur général de ELA Sales, un groupe de consultants et de représentants chez Wilson Learning à San Francisco, ajoute : « Si vous ne renforcez pas la décision d'achat et que le client éprouve des remords, vous risquez de vous retrouver avec des problèmes au bout du compte. Les doutes resurgiront au moment de sa décision d'achat suivante. »

Voici quelques trucs pour apaiser les craintes du client une fois la vente conclue.

Appelez le client. Faites un suivi quelques jours après la transaction. Demandez au client comment il va et s'il a des questions. Évidemment, pendant ce temps, vous ne cherchez pas de nouveaux clients et vous ne vous consacrez à aucune autre tâche. Mais, dans la mesure où vous fidélisez le client et favorisez le bouche-à-oreille, cela est profitable. L'idée est de répondre aux besoins du client, sans plus. Montrez-lui que vous vous souciez de lui, sans l'embêter. Au moment de la conclusion de la vente, demandez-lui à quelle fréquence vous pouvez l'appeler.

Félicitez l'acheteur pour son achat. Envoyez-lui une carte ou serrez-lui simplement la main cordialement. Redites-lui qu'il a fait le bon choix.

Ajoutez un avantage. Faites part au client d'un petit ajout qu'il ne valait peut-être pas la peine de mentionner à l'étape de l'argumentation. Ainsi, un vendeur automobile peut dire : « Oh, j'ai oublié de vous informer qu'une promotion est en cours et qu'un lecteur de CD est offert gratuitement à l'achat de cette voiture. »

Ces avantages, offerts après la conclusion de la vente, ne coûtent pas grand-chose, font plaisir au client et le confirment dans l'idée qu'il a pris la bonne décision.

Ne réagissez pas trop aux craintes du client. « Lorsqu'un client se demande tout haut s'il a pris la bonne décision, certains vendeurs ont tendance à reprendre tout leur baratin et à répéter qu'il s'agit du produit ou du service le plus indiqué pour ses besoins, explique Donald Luce. Prenez plutôt le temps d'écouter ce que dit vraiment le client. S'il se préoccupe du prix, rappelez-lui les économies qu'il fera, pas toutes les caractéristiques et les avantages de votre produit. Ce travail a déjà été fait. Vous avez simplement à lui "tenir la main" quelques instants. »

Rassurez le client avec une formule qui lui convient. Il n'existe pas de formule miracle pour apaiser les appréhensions du client à cette étape. Repensez à l'évaluation de sa personnalité et déterminez quelle tactique est la plus appropriée. En voici quelques-unes.

1. Soumettez-lui des études consacrées à des entreprises qui ont connu du succès avec ce produit ou ce service. Si, à l'étape de l'argumentation, vous avez décrit l'expérience d'un client satisfait, vous pouvez maintenant lui parler des nombreux autres utilisateurs satisfaits. Ce n'est plus là seulement votre opinion, mais celle de tiers n'ayant aucun intérêt dans l'affaire. Votre crédibilité sera ainsi l'élément qui rassurera le client.

2. Montrez-lui des rapports de recherche — de source indépendante si possible — traitant de la performance de votre produit au cours d'essais en conditions réelles.

3. Remettez-lui des articles de revues spécialisées ou d'autres publications portant sur la façon dont votre produit a été utilisé dans le domaine qui l'intéresse.

4. Offrez-lui de discuter du produit avec d'autres décideurs ou agents d'influence de son entreprise.

5. S'il y a lieu, invitez le client ou d'autres décideurs à se rendre à votre siège social pour rencontrer les hauts dirigeants de votre entreprise ou les personnes s'occupant du soutien technique.

6. Dressez la liste des avantages et des inconvénients de votre produit et remettez-la au client.

7. Proposez-lui une période d'essai gratuit. Cette tactique fonctionne bien avec les produits qui se transportent facilement, comme les logiciels.

8. Insistez sur la garantie. Une bonne garantie peut persuader un client qui hésite. Ne dort-on pas mieux après avoir fait l'achat d'une voiture ayant une garantie de cinq ans? Comme les entreprises n'ont aucunement l'intention de laisser leur chemise dans de telles garanties, les ententes offrent l'assurance que le produit est fiable.

9. Gardez l'attitude du vendeur-conseil. L'acheteur peut toujours se rendre soudainement compte qu'il n'a pas pris la bonne décision. Si c'est le cas, rappelez-vous que votre rôle est de le conseiller, et non de faire *cette* vente.

   En lui expliquant qu'il est possible de modifier le contrat de vente ou de changer de produit, plutôt que de le pousser à faire l'achat prévu, vous le mettrez en confiance. Vous pourrez ainsi récupérer les pertes subies à l'occasion de cette vente.

Le deuxième pilier : piloter la mise en œuvre

La période de mise en œuvre du produit ou du service peut être stressante pour le vendeur, puisque celui-ci doit laisser quelqu'un d'autre s'occuper du client et donc renoncer à contrôler sa satisfaction. Le vendeur n'est alors plus responsable du dossier.

Certains clients n'aiment pas ce transfert, car ils ont l'impression d'avoir servi « d'appât ». D'autres, en vous appelant pour vous poser des questions qu'ils devraient en fait poser à l'équipe d'installation, vous font participer malgré vous à la suite du processus. D'une façon ou d'une autre, vous vous retrouvez entre deux feux. Pour que la transition se fasse sans heurt, voici quelques conseils.

- Dressez la liste des membres de votre équipe et de celle du client qui participeront à la mise en œuvre. Indiquez leurs responsabilités, leur numéro de téléphone et leur adresse électronique.
- Faites la liste de toutes les étapes de la mise en œuvre en précisant la durée de chacune, les moyens dont dispose le client pour savoir qu'une étape est terminée et le nom de la personne-ressource avec qui il peut communiquer s'il a des questions ou un problème.
- Présentez aux principaux employés de l'équipe du client les responsables de votre équipe d'installation.
- Demeurez disponible. Ne vous mêlez pas du travail de l'équipe d'installation, mais gardez le contact avec elle pour vous assurer que tout va bien. Offrez votre aide. Fournissez de temps en temps à l'équipe d'installation des renseignements sur la culture d'entreprise du client, sur le rôle (et les caprices) de certains employés, etc.
- Occupez-vous de certains détails. Un bon agent immobilier, par exemple, assume certaines démarches auprès du créancier hypothécaire, du notaire et d'autres professionnels pour réduire la pression que son client, c'est-à-dire l'acheteur de la résidence, peut ressentir. Ce genre de travail exige du temps mais évite que les premiers acheteurs, se sentant dépassés par les événements, renoncent à leur achat. Il facilite également le processus et incite le client à revenir faire affaire avec le vendeur ou à lui envoyer d'autres clients.
- Rédigez des rapports. Si l'installation est complexe ou comporte de nombreuses phases, fournissez chaque semaine au client un petit rapport expliquant le travail et les progrès accomplis en fonction de l'échéancier et d'autres éléments pertinents. Tout le monde y gagnera.

Le troisième pilier : résoudre les insatisfactions

Des problèmes surviennent parfois après la vente et, souvent, le client n'y peut rien. L'entreprise pour laquelle il travaille peut, par exemple, avoir été achetée, un nouveau directeur des achats peut avoir été engagé ou un nouveau président peut avoir changé la misssion de l'entreprise. Son budget pour l'année à venir peut aussi avoir été réduit et les résultats inattendus d'un rapport trimestriel ont peut-être modifié ses priorités.

Si le client exprime de l'insatisfaction, l'entreprise du vendeur peut en être responsable. « Lorsqu'un acheteur passe de l'indifférence à l'insatisfaction, c'est souvent à cause d'une politique de l'entreprise où l'achat a été fait, indique Donald Luce. C'est rarement uniquement la faute du vendeur. Le blâme revient parfois aux livreurs, qui refusent de modifier leur horaire, ou au personnel du service des comptes, qui exige que d'autres documents administratifs soient produits. »

Que le problème vienne de votre entreprise ou de celle du client, évitez les accusations. Reprenez plutôt le processus EPCPA et allez au cœur du problème, que tente peut-être de cacher le client. L'acheteur pourrait se plaindre que la mise en œuvre prend trop de temps, alors qu'en réalité ses supérieurs le pressent de justifier sa décision d'achat. Revoyons donc brièvement le processus EPCPA (expliqué au chapitre 4).

- **Écoutez** le client. Laissez-le parler et ne le jugez pas. Encouragez-le à exprimer ses sentiments et faites baisser la tension.

- **Partagez** ce que vous savez de sa situation. Reformulez de temps en temps ce qu'il dit pour lui signifier que vous le comprenez. « Partager » ne veut pas dire « être d'accord ». Tâchez simplement de lui montrer que vous saisissez comment il perçoit la situation.

- **Clarifiez** l'objection du client. Reformulez ses propos pour faire ressortir le véritable problème, puis transformez celui-ci en questions auxquelles vous pouvez répondre.

- **Proposez** une ou plusieurs solutions dont vous pourrez discuter et qui répondent aux préoccupations du client.

- **Agissez** en recommandant une solution ou en définissant l'étape suivante, puis demandez au client son accord.

Même à cette étape, le problème du client demeure votre problème. Trop de vendeurs se retirent au moment de la mise en œuvre. Mais, si les choses vont mal, le vendeur est la première personne à qui le client veut parler, car c'est avec lui qu'il a travaillé.

Il peut être tentant de dire « Je ne m'occupe plus de ce dossier » ou « C'est le problème de l'équipe d'installation », mais le vendeur ne doit pas oublier que le client est encore... son client. Il doit poursuivre le processus jusqu'à ce qu'une solution acceptable soit trouvée.

Résoudre les plaintes après la vente

Même lorsque les choses vont mal avec un client après la vente, il vous est possible de le fidéliser et de continuer de faire valoir vos compétences en utilisant des stratégies efficaces. Voici quelques tactiques éprouvées pour résoudre les problèmes les plus courants.

1. **Le prix a augmenté.** Vous vendez un produit à base de pétrole, et le prix du pétrole vient de grimper en flèche. Votre client a signé un contrat prévoyant des livraisons mensuelles. Quelques mois après la vente, vous devez lui dire que votre prix a beaucoup augmenté. Que faire ?

- Soyez honnête. Expliquez-lui quels facteurs ont fait grimper le prix.
- Donnez-lui un préavis assez long. N'arrivez pas comme ça avec une augmentation de prix. Laissez à votre client le temps de modifier ses budgets ou les tarifs qu'il propose à ses propres clients.
- Montrez-lui que vous vous souciez de lui. Si la hausse de prix est importante, écoutez-le et laissez-le donner libre cours à son mécontentement. À la fin, rappelez-lui gentiment que vous n'avez aucun contrôle sur le prix du pétrole.

- Cherchez des solutions constructives. Votre client pourrait acheter plus d'unités de façon à profiter d'une remise. Il pourrait aussi, une fois sur 10, remplacer ce produit par un autre, un peu différent et moins cher. Soyez créatif.

2. **Le produit fonctionne mal.** L'appareil a été installé et devrait marcher, mais la ligne d'assemblage est sans cesse arrêtée parce qu'une de ses composantes fonctionne mal. Que faire?

- Si le problème ne peut être diagnostiqué au téléphone, envoyez sans tarder une équipe de réparation voir s'il est mécanique, technologique ou s'il est dû à une mauvaise utilisation.
- S'il s'agit d'une mauvaise utilisation, offrez une séance de formation gratuite aux principaux utilisateurs de l'appareil.
- Si le problème est mécanique, réparez les pièces gratuitement afin de compenser le temps de production perdu. Vous pouvez aussi offrir au client une réduction sur des fournitures qu'il devra ultérieurement se procurer.
- Si le problème est technologique et que l'appareil ne convient pas aux tâches à effectuer, reprenez les étapes de la découverte et de l'argumentation pour vous assurer que vous avez fait les bonnes recommandations. Certaines données ont peut-être changé depuis l'achat.

3. **La valeur promise ne se matérialise pas.** Vous avez vendu un système informatique à une multinationale et le soutien aux utilisateurs lui coûte 10 000$ par an. Vous aviez déterminé ce montant en vous fiant à des exemples d'utilisation et de soutien que vous croyiez similaires. Mais le présent acheteur utilise peu votre système et estime maintenant que ces coûts sont déraisonnables. Que faire?

- Cherchez à savoir si ce client peut utiliser le système davantage, par exemple dans des services de l'entreprise où cela permettrait d'augmenter la productivité et le rendement, ou de réduire les périodes d'inactivité.

- Si nécessaire, révisez le contrat en fonction d'un nombre réduit d'heures d'utilisation. Continuez cependant à suivre la situation de près pour vous assurer qu'il n'y a pas d'autres changements.

- Suggérez des moyens d'augmenter la valeur. Par exemple, offrez une formation gratuite aux employés ou une formation gratuite sur les mises à jour à l'intention de tous les utilisateurs. Ou proposez au client de traiter avec d'autres experts de votre entreprise.

4. **La réparation n'est pas sous garantie.** Un client vient vous voir parce que de la vapeur s'échappe du radiateur de sa voiture. Vous découvrez qu'il y a une fuite. La garantie est cependant échue depuis un mois. Le client estime que c'est à vous de payer la réparation, car la fuite devait être là alors que la garantie était encore bonne, mais qu'elle était trop petite pour qu'il la remarque. Le service technique refuse de payer. Que faire ?

- Ne vous défilez pas. Certes, vous êtes un employé des ventes et non du service technique, mais si vous laissez entendre au client que ce n'est pas de votre ressort, vous ne le reverrez sans doute jamais. Le risque qu'il vous fasse une mauvaise presse est également très grand.

- Déterminez si la demande du client est raisonnable. Voyez si le problème a débuté alors que la voiture était encore sous garantie. Si c'est le cas, tentez de convaincre le chef du service technique que le client n'a pu remarquer un si petit problème. Vous pourriez aussi faire valoir que, dans des « cas particuliers » comme celui-là, le coût de la réparation est peu de chose en regard des avantages à long terme que représente un client satisfait.

- Pensez à d'autres solutions. Si vous ne pouvez rien faire, dites-le au client et offrez-lui une compensation. Prêtez-lui un véhicule pendant que sa voiture est en réparation ou trouvez une autre façon de le dédommager pour adoucir le choc et lui montrer que vous vous souciez de lui.

- Agissez de manière proactive. Considérant cette expérience comme une leçon, vous pourriez appeler les clients dont la garantie arrive à échéance ou leur envoyer un mot pour les inviter à faire inspecter leur voiture et ainsi éviter ce genre de problème.

Le quatrième pilier : enrichir la relation

La vente a été conclue, la mise en œuvre s'est bien déroulée et l'acheteur affirme qu'il est heureux comme un poisson dans l'eau. Vous pouvez maintenant partir en quête de nouveaux clients ou maximiser le travail que vous avez fait en tentant de réaliser d'autres ventes auprès de ce client.

Il est possible d'augmenter ses ventes de deux façons : en faisant de la prospection ou en misant sur la pénétration d'un marché, c'est-à-dire en obtenant de nouvelles ventes de ses clients ou en favorisant l'expansion. Voici comment agir avec un client après une vente.

- Passez aux échelons supérieurs. En supposant que votre produit ou votre service soit profitable pour l'entreprise cliente, demandez à l'acheteur de vous aider à obtenir un rendez-vous avec la haute direction. Vos produits peuvent peut-être être utilisés dans d'autres services. Vous le saurez si vous avez une connaissance plus complète de l'entreprise.

- Demandez à rencontrer les chefs de service ou les employés qui se servent de votre produit. Cherchez à savoir à quel point votre produit leur est utile, quelles améliorations peuvent y être apportées et quelle valeur vous pouvez y ajouter. Ce faisant, vous découvrirez peut-être d'autres besoins dans d'autres secteurs, et certains chefs de service seront peut-être prêts à vanter votre produit.

- Trouvez des occasions d'accroître la valeur de votre produit dans l'entreprise cliente. Le client ne doit cependant pas considérer vos démarches comme des tactiques visant à augmenter le prix de votre produit ou à y ajouter des accessoires coûteux. Vous devez choisir le bon moment et vous montrer sincère si vous voulez réussir.

Si vous essayez de manipuler le client, si vous ne pensez qu'aux faveurs qu'il peut vous accorder ou si vous n'agissez que pour être dans ses bonnes grâces, vous perdrez toute crédibilité. Vous devez être tout à fait intègre si vous procédez de la sorte.

Si vous avez la possibilité de vous montrer amical avec le client ou de l'aider, faites-le après la vente. Celle-ci ne sera alors plus considérée comme un facteur conditionnel à l'amitié, et le geste sera alors davantage reçu comme une réelle marque d'attention. Voici quelques suggestions.

- Faites part au client d'une idée portant non pas sur votre produit mais sur d'autres produits qui peuvent lui être utiles.
- Échangez des conseils non professionnels (allant de la garderie au nom d'un garage, en passant par des destinations de vacances).
- Envoyez au client un livre ou un article qui pourrait lui être utile.
- Recommandez-lui des produits ou des services connexes ou apparentés lorsque votre entreprise ne peut répondre à ses besoins.
- Offrez aux utilisateurs une formation gratuite sur vos produits et vos services. (Cela peut être très intéressant si ce sont des distributeurs.)
- Invitez les clients de votre client à une journée portes ouvertes et à une séance d'information.
- Faites en sorte de bâtir une relation d'interdépendance entre votre entreprise et celle de votre client. Vous amènerez ainsi celui-ci à penser que votre entreprise — et pas seulement vous, le vendeur — l'aide à connaître le succès et à comprendre les défis auxquels il fait face.

Au service de la vente **Les 4 piliers du soutien à la clientèle**	
Bases du soutien	**Gestes du vendeur**
Renforcer la décision d'achat	— Réduire les craintes du client — Faire un suivi (en personne ou par téléphone) — Demander des commentaires — Fournir des services à valeur ajoutée

Piloter la
mise en œuvre
	— Rester en contact pour calmer les craintes
	  du client après la vente
	— Participer au processus d'approbation
	— Présenter les ressources de soutien
	— Suivre les progrès
	— Déterminer quand et comment auront lieu
	  les contacts après la mise en œuvre

Résoudre les insatisfactions	— Être attentif aux sentiments du client — Résoudre les problèmes en suivant le processus EPCPA — Continuer de prévoir les hésitations et les attentes du client — Insister sur les avantages de la solution

Enrichir la relation	— Être disponible
	— S'organiser pour garder un contact personnel
	— Favoriser une communication ouverte
	  avec les membres de l'organisation
	— Ajouter de la valeur
	— Maintenir la qualité des produits ou des services
	— Fournir des mises à jour et des rapports sur les progrès
	— Devenir une ressource pour informer le client,
	  lui donner des idées et l'aider à résoudre des problèmes
	— Accroître les possibilités de ventes à l'intérieur de l'entreprise
	— Demander au client le nom de clients potentiels
	— Établir des réseaux entre votre entreprise et celle du client

À cette fin, vous pourriez encourager les comptables de votre entrepreneur à expliquer certaines théories comptables au jeune entreprise, ou demander aux experts en marketing de discuter avec votre client de la façon de pénétrer de nouveaux marchés.

Si votre client vise le marché international, un de vos collègues pourrait le renseigner sur les procédures douanières et la logistique nécessaire à l'expédition des produits outre-mer. Mais, évidemment, n'établissez ce genre de relation que si le besoin se fait sentir.

Les vendeurs intelligents savent que la valeur ajoutée ne se réduit pas à l'offre d'accessoires, mais porte surtout sur l'expérience et les connaissances qu'ils peuvent offrir à leurs clients. Ce genre d'expertise peut coûter très cher au client s'il doit lui-même la développer ou engager du personnel à cette fin. Elle coûte cependant très peu au vendeur.

L'EXPERTISE ET LE RÉSEAUTAGE : UNE VALEUR AJOUTÉE

Voici l'exemple de quelques vendeurs qui ont approfondi leur relation avec leurs clients ou ont réussi à obtenir d'autres ventes auprès d'eux grâce au soutien à la clientèle inhérent à la vente-conseil.

- John Thompson vend des caisses enregistreuses informatisées pour la National Cash Register de New York. Son contact chez un grand fabricant de jouets — un nouveau client — lui a un jour spontanément appris que son employeur travaillait à créer un système d'achats électroniques.

  « Je lui ai tout de suite demandé si je pouvais en parler à ma direction pour voir si nous pouvions faire quelque chose à ce sujet, raconte M. Thompson. J'ai ensuite su que ce fabricant prévoyait faire la moitié de ses achats par Internet au cours des cinq années suivantes. De notre côté, nous venions d'acquérir une petite entreprise spécialisée dans le développement de logiciels d'achats sécuritaires par Internet. Ce produit convenait exactement aux besoins du fabricant de jouets. »

- Bill Williams, de la société Goodyear de Des Moines, dans l'Iowa, vend des pneus pour des semi-remorques et de la machinerie industrielle. Au cours d'une rencontre, un client, chef de direction dans une entreprise de camionnage, lui a dit qu'il cherchait des moyens de rentabiliser davantage sa flotte de semi-remorques.

« Je venais de lire dans notre bulletin d'entreprise que le directeur de notre flotte de véhicules avait mis sur pied un programme de voyages de retour qui avait exigé l'embauche d'un seul employé et qui avait permis de gagner beaucoup d'argent, raconte M. Williams. En mettant en contact ces deux directeurs pour qu'ils discutent de ce programme, j'ai été considéré comme un héros. Pourtant, je n'ai pas fait grand-chose, seulement un peu de réseautage. »

- Fred St. George, de la compagnie Multime, de Saint Louis, vend des dispositifs de chronométrage destinés à de l'équipement militaire. Un jour, en rendant visite à un client, il a remarqué que plusieurs employés avaient de nouveaux ordinateurs portatifs.

« Mon beau-frère dirige une petite entreprise de formation en informatique. J'ai donc fait savoir à mon client que, s'il avait besoin de formation, mon beau-frère pouvait sans doute l'aider, raconte M. St. George. Ce client cherchait justement un programme abordable et personnalisé pour que les vendeurs puissent tirer le maximum de leurs nouveaux ordinateurs. Cette affaire a été profitable pour tout le monde. »

- Jean Bouthillier vend de l'espace publicitaire pour un réseau radiophonique national au Canada. La plupart de ses clients sont des sociétés nationales qui font produire leurs messages publicitaires par des agences d'envergure.

Un jour, alors qu'il était chez un de ses clients dans le domaine des vêtements pour jeunes, il entendait dans un bureau adjacent deux personnes qui se plaignaient des coûts élevés de production d'annonces dans les journaux. « J'ai frappé à la porte. Je leur ai dit que j'avais malgré moi entendu leur conversation et que j'avais peut-être une solution pour elles. Je les ai mises en contact avec un ami d'université qui avait fondé sa propre boîte de création et de production spécialisée dans la conception et dans la production de publicité imprimée. Elles étaient ravies de la référence. À ce jour, c'est encore cette boîte qui produit toutes leurs maquettes publicitaires pour les journaux. »

Comme Jean connaissait déjà les deux personnes qui se creusaient la tête à se demander comment elles pouvaient payer moins cher pour leurs publicités, il n'a pas hésité à leur donner le nom de son collègue de classe. Jean a gagné encore plus de crédibilité auprès de son client, et le client a su développer une relation avec un nouveau fournisseur qui est devenue très profitable.

6 | La vente-conseil en action

Dans notre enfance, on nous a dit que le monde pouvait être imprévisible et inquiétant. Et que seules les expériences difficiles étaient profitables. En tant que professionnel de la vente, vous savez que cela est en partie juste. Le monde de la vente est changeant, peu civilisé et parfois impitoyable.

Il est bon de se rappeler que, même si l'on doit payer cher pour apprendre, certaines rudes expériences sont des étapes nécessaires à l'atteinte de la performance par la satisfaction (voir chapitre 1).

Ce dernier chapitre vous aidera à surmonter les difficultés que vous rencontrerez en appliquant les stratégies de la vente-conseil. Malgré vos efforts, il vous arrivera de traiter avec des clients qui feront un virage à gauche au moment où vous vous attendrez à les voir tourner à droite, et qui vous causeront davantage de frustration que de satisfaction.

Les meilleurs vendeurs savent profiter des événements les plus difficiles ou des circonstances les plus insensées. Pour vous préparer, nous avons recensé les obstacles auxquels font le plus couramment face les vendeurs. Ces difficultés concernent tous les types d'industries, de produits ou de services, peu importe la méthode de vente. Dans chacun des cas présentés, vous verrez comment la démarche de la vente-conseil a été appliquée.

LE CLIENT NE FAIT QUE COMPARER LES PRIX
Situation
Un cabinet-conseil en vente et stratégie reçoit un appel d'offres d'une importante société pharmaceutique pour développer un programme

de formation à l'intention de ses représentants médicaux qui visitent des médecins. Ne connaissant pas l'émetteur de l'appel d'offres, Jean Lafrance, un des associés du cabinet, appelle une personne-ressource de la société en question. Il obtient un rendez-vous pour le lendemain matin.

Jean prépare une liste de questions et part rencontrer le client potentiel le lendemain. Lorsqu'il entre dans son bureau, il y trouve deux autres directeurs. « Super, un comité, se dit-il. Je vais connaître toute l'histoire et pouvoir leur faire une proposition. »

L'entretien commence et le « comité » lui demande de présenter son cabinet et de parler de son expérience. Jean se rend crédible et dégage certaines affinités en parlant d'une personne avec qui son cabinet a fait affaire quelques années auparavant. Enfin, il évoque son expertise dans le domaine pharmaceutique et le travail qu'il a fait pour d'autres entreprises.

Après sa présentation, il s'apprête à poser les questions qu'il a préparées, mais ce sont ses interlocuteurs qui se mettent à le bombarder de questions sur la concurrence, les prix et les délais de livraison d'un programme pour 250 représentants médicaux. « Ce client a fait ses devoirs », se dit Jean, avant de tenter de répondre à la pluie de questions du comité.

Mais il perd le contrôle de l'entretien et se retrouve enlisé dans l'ordre du jour de ses vis-à-vis. À la fin de la discussion, les membres du comité lui disent qu'ils ont déjà rencontré d'autres fournisseurs et lui donnent même leur nom en lui demandant ce qu'il en pense. Ils ajoutent qu'à l'étape où ils sont, ils ne font qu'étudier les prix et ne cherchent qu'une solution générique pour comparer des pommes avec des pommes.

Démuni, Jean quitte leur bureau, pas plus avancé qu'au moment où il y est entré. Ce client ne fait que du magasinage et a sans doute déjà pris sa décision.

En repensant à l'entretien, Jean se rend compte qu'il n'a jamais su le but de la rencontre et n'a pas clairement défini ses trois étapes — But, Processus, Enjeu (BPE, voir chapitre 2). S'il s'était entendu avec les directeurs sur l'objectif et le déroulement de l'entretien, il aurait pu poser ses questions. Au lieu de cela, c'est lui qui a parlé. Les étapes n'étaient pas claires dans sa tête : il a raté une occasion de cerner le client et a perdu son temps.

Solution

Vous devez déceler ce problème avant de consacrer trop de temps à un client. Si vous avez établi de bons rapports avec les bonnes personnes avant de présenter votre proposition, vous devez avoir noté certains indices qui vous permettent de vous rendre compte de cette situation dès le début du processus de vente. Prêtez attention aux phrases suivantes.

Groupe 1

- Comment votre produit se compare-t-il à ceux de vos compétiteurs ?
- Quel est votre meilleur prix ?
- Quels sont vos délais de livraison et vos modalités de paiement ?

Groupe 2

- Nous avons rencontré les gens de telle entreprise et leur produit représente une solution intéressante. Que pensez-vous de ce produit ?
- À cette étape, nous ne faisons que comparer les prix.
- Nous ne voulons aucune option personnalisée. Parlez-nous uniquement de votre meilleure solution standard.

Le client qui utilise les phrases du premier groupe a déjà pris sa décision. Pourquoi des décideurs s'arrêteraient-ils à votre prix et à vos délais de livraison si leur principale préoccupation était de savoir comment votre produit peut résoudre leur problème ?

Lorsqu'un client, après l'étape de l'établissement de la confiance, pose ce genre de questions, c'est qu'il est à la recherche d'information afin de justifier son choix ou qu'il observe une politique d'achat exigeant un certain nombre de propositions.

Si un client emploie les phrases du second groupe, c'est que la qualité (l'achat du produit qui répondra le mieux à ses besoins) n'est pas sa principale préoccupation. En fait, certaines de ces questions révèlent un manque de sérieux. On peut même se demander s'il a vraiment l'intention d'acheter quoi que ce soit. Il est très probable qu'il ait déjà pris sa décision.

Ces indices devraient vous apparaître rapidement si vous connaissez bien la démarche But, Processus, Enjeu. En tentant de déterminer le but (« Pourquoi cette rencontre a-t-elle lieu ? »), vous verrez le client vous couper assez vite la parole pour vous fournir ses propres raisons.

Si vous ne vous rendez pas compte à ce moment qu'il n'est pas sérieux, vous devriez le comprendre au début de l'étape de la découverte. Les clients potentiels hésitent alors à répondre aux questions objectives et subjectives et ne laissent pas le vendeur approfondir certains éléments touchant les besoins de leur entreprise ou leurs besoins d'achat.

Ne vous tracassez pas si cela survient avec un nouveau client et ne voyez pas cela comme une perte de temps. Considérez plutôt que vous avez posé la première pierre d'une relation de travail qui se développera peut-être éventuellement. Si vous êtes le premier à renseigner ce client sur votre produit, il est probable que vous serez le premier qu'il appellera lorsqu'il aura un achat à faire.

Même si cela est difficile, montrez-vous sympathique à la cause du client. En lui présentant une proposition simplifiée, vous l'aiderez à répondre à ses besoins et limiterez le temps que vous lui consacrerez.

Si vous avez une bonne relation avec lui, soyez honnête. Dites-lui comment vous évaluez la situation et ajoutez que vous lui fournirez des chiffres avec plaisir. Mais précisez que, la prochaine fois, vous aimeriez que la rencontre soit un peu plus profitable. De la sorte, vous ménagerez vos efforts et gagnerez du temps.

Si ce type de situation survient avec un client de longue date, les choses sont peut-être plus graves. Les clients honnêtes ne communiquent pas pour rien avec un vendeur. Bien sûr, certains acheteurs peuvent parfois prendre une décision sans vous demander votre avis.

Toutefois, ils doivent avoir assez de respect pour ne pas vous faire travailler pour rien. Si cela arrive, posez-vous les questions suivantes.

- Un des principaux décideurs de l'entreprise a-t-il été remplacé ?
- Ma crédibilité (ou celle de mon entreprise) a-t-elle diminué ?
- La politique d'achat ou la culture de l'entreprise a-t-elle changé à cause d'une fusion ou de l'arrivée de nouveaux gestionnaires ? (Si oui, passez en revue les questions de conformité et de compétence de l'étape de l'établissement de la confiance.)
- Ai-je bien utilisé le système BPE au cours de chaque rencontre ?

Un changement est sans doute survenu dans votre relation avec ce client ou dans sa façon de vous percevoir ou de percevoir votre offre. Vous devez donc prévoir une autre stratégie. Mais, quels que soient vos soupçons au sujet de ses intentions, posez-vous les questions précédentes pendant tout le processus pour éviter de perdre des ventes ou du temps.

Il y a quelques années, j'ai acheté une Pathfinder, de Nissan. J'avais obtenu un prix d'un concessionnaire du nord de la ville, mais je voulais comparer les prix. Une de mes connaissances, qui avait déjà vendu de telles autos, m'a donné le nom d'une personne travaillant pour un autre concessionnaire en me disant qu'elle pouvait me consentir une réduction non négligeable.

J'ai appelé cette personne et lui ai parlé de notre connaissance commune. Elle m'a fait un prix au téléphone, que j'ai ensuite utilisé pour épargner plus de 1 000 $ sur ma nouvelle voiture... achetée chez l'autre concessionnaire.

LE CLIENT CHOISIT UN PRODUIT À L'INTERNE
Situation
Vous avez travaillé de longues semaines avec un client potentiel pour découvrir ses besoins et lui proposer la solution parfaite. Vous êtes sur

le point d'amorcer l'argumentation quand il vous appelle pour vous dire qu'il appliquera une solution interne. Il vous remercie pour vos analyses.

Normand Chabot est actuaire et conseiller en assurances. Il avait reçu d'une grande entreprise le mandat de revoir le plan d'invalidité à long terme. Cette société examinait les services qu'elle recevait de son fournisseur habituel pour savoir si elle payait toujours le juste prix. Voyant là une belle occasion de vente, Normand s'est impliqué personnellement dans le dossier.

Heureux d'avoir été retenu pour une soumission, il est allé voir son contact après avoir fait une recherche sur le type de police dont l'entreprise pouvait avoir besoin et sur les différentes possibilités qui s'offraient à lui. Cette recherche, portant sur les moyennes d'âge des employés, sur des facteurs de probabilités et sur les montants versés en réclamations dans cette industrie, lui avait pris quelques mois.

Après plusieurs rencontres et des heures de discussion et de rédaction, il a présenté sa proposition au client, qui l'a chaleureusement remercié pour son travail et lui a dit qu'il recevrait une réponse sous peu.

Après trois semaines, il a appris d'un employé avec qui il avait développé une bonne relation durant le processus que l'entreprise avait décidé de maintenir son lien d'affaires avec son fournisseur. Normand a donc appelé son contact pour lui demander des explications.

Ce dernier lui a expliqué que, différentes politiques de la société étant sur le point de subir d'importantes modifications, le moment n'était pas indiqué pour changer de fournisseur. Normand a cependant su un peu plus tard que son contact avait décidé de demeurer avec le même fournisseur parce que celui-ci lui avait consenti des changements favorables dans sa police, lesquels ressemblaient étrangement aux propositions faites par Normand.

Solution

Bienvenue dans le monde de la vente ! En réalité, le jeu n'est pas déloyal s'il est fait au nom du client. Bien que ce genre d'histoire arrive plus souvent dans les cabinets de consultants et les entreprises de services, où l'analyse de problèmes représente une part importante du travail de vente, tous les vendeurs sont susceptibles de vivre cette situation.

Par exemple, un agent d'assurances peut passer plusieurs jours, voire plusieurs semaines, à évaluer le type de protection dont a besoin un client avant de voir celui-ci faire volte-face et transmettre les renseignements à sa société d'assurances ou à son courtier habituel.

L'employé qui vend des services de marketing peut, après avoir fait des recherches et déterminé le type de campagne convenant le mieux à un client, se faire répondre « non merci » avant que son plan de travail soit transmis au service du marketing interne.

Évidemment, il vaut mieux se rendre compte rapidement de ce genre de manigance. Bien qu'aucune méthode ne soit infaillible, les indices suivants, relevés aux étapes de l'établissement de la confiance et de la découverte, peuvent vous mettre sur la piste.

- Une réputation douteuse dans l'industrie. Demandez à des concurrents ou à des confrères si le client potentiel a déjà agi de cette façon avec eux.
- De petites choses à vérifier. Si votre contact vous dit qu'il veut simplement s'assurer qu'il n'oublie rien, posez-vous des questions.
- Le problème a été analysé et le client potentiel espère une solution. Si tous ses problèmes ont été diagnostiqués et qu'il attend simplement que vous les passiez en revue, cela peut vouloir dire qu'il a du mal à trouver la bonne solution, mais qu'il a le personnel nécessaire pour la mettre en œuvre dès que vous l'aurez ciblée, et ce, sans vous payer pour votre travail.

- Des échéanciers flous au sujet de la prise de décision. Le client potentiel vous dit : « Nous n'avons pas encore fixé l'échéancier » ou, ce qui est plus inquiétant, « Nous ne savons pas encore si nous aurons le budget pour ça. »
- Divers signes venant des agents d'influence. Une personne que vous interrogez au cours de l'étape de la découverte vous dit : « Je ne comprends pas pourquoi ils vous demandent de faire tout ce travail. »
- Les petites annonces. Les annonces paraissant dans les journaux ou dans Internet et faisant mention d'un poste à pourvoir dans l'entreprise cliente peuvent indiquer que celle-ci se sert de vous pour obtenir l'information dont elle a besoin avant d'engager une personne qui lui fournira les mêmes services ou la même expertise que vous.

Et maintenant ?

Si vous croyez être dans ce genre de situation, voici **3 mesures** à prendre.

1. *Retirez-vous avec tact.* Bien que vous ne vouliez pas nuire à de futures relations avec ce client, mentionnez-lui que votre analyse préliminaire vous permet de croire que le besoin peut être comblé à l'interne.

   Si le client acquiesce, offrez-lui quelques idées « à valeur ajoutée » pour l'aider à résoudre son problème ou montrer votre bonne volonté, comme : « Je sais que telle entreprise a utilisé le logiciel Rapido avec succès » ou « Un de mes acheteurs a préparé un bulletin mensuel à l'intention de ses clients pour les aider à résoudre des problèmes de ce genre. » Vous prouvez ainsi votre désir d'agir comme vendeur-conseil, sans avoir à consacrer plus de temps à ce client.

2. *Facturez les analyses effectuées.* Certains courtiers d'assurances fournissent à leurs clients commerciaux une analyse de leurs besoins d'assurances. Celle-ci est évaluée à 70 000 $, une somme qui équivaut à ce que facturerait un cabinet de consultants.

Si le client signe le contrat, cette analyse est gratuite ; sinon, il en paye la moitié (30 000 $). De telles structures de paiement, de plus en plus populaires, permettent que l'expertise et le temps de travail rapportent certains revenus.

3. *Prenez le risque.* Vous pouvez poursuivre votre travail en vous disant qu'il sera tout de même rentable, puisqu'il vous permet de jeter les bases d'une relation à long terme. Si vous choisissez cette voie, assurez-vous tout de même que votre travail vous rapporte.

Par exemple, pouvez-vous utiliser cette analyse pour un autre client de cette industrie ? Comment ce mandat pourrait-il vous servir auprès d'autres clients ? Quelles sont les chances que ce client fasse de nouveau appel à vous ? (Si elles sont bonnes, vous pouvez profiter de l'occasion pour montrer votre expertise, même si vous n'obtenez pas le contrat.)

LES TARIFS DE VOTRE ORGANISME À BUT NON LUCRATIF SONT TROP BAS

Situation

Vous travaillez pour un organisme de consultation à but non lucratif. Comme celui-ci reçoit des subventions du gouvernement, vous pouvez offrir certains services à des tarifs défiant toute concurrence. Toutefois, les clients potentiels ne croient pas que votre offre, beaucoup moins chère que celle de votre compétiteur (qui travaille pour une entreprise à but lucratif), soit aussi bonne que la sienne.

Une importante entreprise nationale d'alimentation qui distribue ses produits dans les épiceries et supermarchés a décidé d'offrir gratuitement des conseils d'étalage. Comme les représentants commerciaux de ce distributeur devaient trouver des moyens d'augmenter la visibilité de leurs produits, il était logique de partager cette expertise avec les commerces.

L'objectif était d'augmenter les ventes en plaçant les produits à proximité des denrées qu'ils accompagnent (par exemple, de la sauce à salade près de la laitue ou des sauces à spaghetti près des pâtes alimentaires). Cependant, les représentants n'avaient pas l'expertise nécessaire pour conseiller des marchands expérimentés qui estimaient connaître le travail mieux qu'eux.

Par conséquent, certains commerçants n'ont pas compris l'initiative de ce distributeur, d'autant plus qu'elle interférait souvent avec leurs promotions et demandait une plus grande gestion des stocks. Même si ce service était gratuit, sa valeur n'était pas évidente à leurs yeux, ce qui prouve que, en général, celui qui paie pour un service en voit mieux les avantages.

Solution

Ce problème ne tracasse pas seulement les organismes à but non lucratif. Tous les vendeurs qui offrent un produit ou un service à un coût très bas doivent composer avec des clients potentiels ayant les mêmes hésitations : « Mais pourquoi votre prix est-il si bas ? »

Certains organismes offrent des services qui sont connexes à leurs principaux champs d'activité, parfois à un prix très compétitif, parfois gratuitement (à titre de valeur ajoutée), parfois à perte.

Par exemple, un distributeur travaillant avec des épiciers sait comment aménager un magasin. Lorsqu'un gérant d'épicerie devient son client, ce distributeur peut offrir à peu de frais ou gratuitement des conseils sur l'aménagement des étalages. Mais les gérants hésitent à profiter de « services gratuits ».

Le vendeur doit alors être adroit et mettre l'accent non pas sur le prix de son produit mais sur son expertise, en expliquant de façon claire et plausible les raisons pour lesquelles ses tarifs sont si bas. Il doit aussi passer plus de temps à établir sa crédibilité. Voici comment il peut s'y prendre.

- Il peut préparer une courte présentation exposant la mission de son entreprise et les raisons pour lesquelles ses services sont moins chers que ceux de ses compétiteurs, en étayant le tout avec des témoignages relatifs à ses succès passés.

Le distributeur de produits alimentaires peut ainsi expliquer qu'il a pour mission de bâtir des réseaux de livraison fiables et ajouter que, si les ventes de l'épicier ne sont pas bonnes, ses propres affaires en souffriront. Il a donc un avantage à fournir des conseils d'aménagement peu coûteux ou gratuits.

Un organisme à but non lucratif peut aussi faire valoir que, recevant des subventions du gouvernement, il a la possibilité d'engager du personnel de talent, tandis qu'une entreprise à but lucratif doit consacrer les mêmes sommes au marketing, à la publicité, aux impôts, etc.

- Le vendeur peut rédiger un document insistant sur son expertise et donnant le nom d'entreprises satisfaites. Les clients comparent toujours les offres. Un vendeur ne doit donc pas laisser un client se poser des questions sur ses compétences. Il doit présenter la liste de toutes ses réalisations.

- Il peut expliquer pourquoi ses tarifs sont moins élevés que ceux de ses compétiteurs. Peut-être n'a-t-il pas recours aux services d'intermédiaires, ou peut-être effectue-t-il certaines transactions par Internet, ce qui lui permet de réaliser certaines économies ; ou peut-être a-t-il peu de frais généraux. Quelle que soit la raison, le client doit la connaître.

- Il peut mettre l'accent sur l'équipe. Le vendeur doit dresser la liste des qualifications des membres de l'équipe appelée à servir le client, sans oublier le nom des entreprises fiables pour lesquelles ils ont travaillé.

- Il peut comparer ses services avec ceux de ses compétiteurs. Un vendeur doit prouver qu'il offre la même qualité de service à un coût moindre.

- Il peut montrer son côté humain. Souvent, les vendeurs ont tendance à assommer les clients avec les avantages de leur produit ou de leur expertise. Il faut éviter d'exagérer et prendre le temps de montrer son côté humain. Le vendeur peut parler de collaborateurs ou d'amis communs. Il établit aussi sa crédibilité en montrant qu'il est d'un commerce agréable.

LES GARDIENS VOUS METTENT DES BÂTONS DANS LES ROUES

Situation

J'ai travaillé avec la plupart des sociétés pharmaceutiques, plus particulièrement avec les représentants qui visitent des médecins. Tous ont un point en commun : ils disposent de peu de temps pour présenter leurs produits ou pour discuter de diagnostic avec les médecins.

Beaucoup de ces représentants m'ont même dit qu'ils n'avaient en général que quelques minutes avec les médecins qui acceptaient de leur accorder de leur précieux temps. Ceux-ci utilisent souvent leur réceptionniste pour refuser un rendez-vous avec un représentant.

Un représentant pharmaceutique a donc parfois deux défis à relever : surmonter l'obstacle qu'est le gardien et maximiser son temps avec le médecin.

Solution

Ah, ces gardiens ! Ne sont-ils pas merveilleux ? Il s'agit parfois de réceptionnistes qui sortent tout juste de l'école ou d'adjoints administratifs endurcis à qui on a ordonné de protéger les décideurs des assauts des vendeurs. Pourtant, vos produits sont importants pour les décideurs. Mais sans l'appui des gardiens, vous n'aurez jamais la chance de le leur prouver.

Avant tout, vous devez faire preuve de respect avec les gardiens. Si un employé joue ce rôle, c'est que l'entreprise cliente considère cela comme important. Si vous le traitez avec égards dès le début, le gardien saura vous obtenir un rendez-vous au moment où vous aurez à rencontrer le client de toute urgence. Soyez courtois ; vos efforts seront utiles jusqu'à la fin du processus.

Voici ce que des vendeurs d'expérience suggèrent pour surmonter l'obstacle du gardien.

- Demandez un court rendez-vous — 15 minutes, pas plus — afin de communiquer certains renseignements au client. Le monde des affaires est en constante évolution et les acheteurs ont l'obligation de se tenir au courant des nouveaux produits. Ces derniers apprécient donc souvent ces rencontres informelles.

Si le client n'est pas bombardé de demandes mais n'accepte pas de vous recevoir, c'est qu'il veut sans doute éviter tout vendeur. Vous devez alors chercher d'autres acheteurs.

- Demandez au gardien s'il a reçu l'ordre de ne donner aucun rendez-vous à des vendeurs. S'il vous dit oui, changez de tactique. S'il vous dit non, remettez-lui une description évocatrice et piquante des avantages de votre produit (les témoignages sont habituellement efficaces) pour le convaincre que vous méritez un rendez-vous.

- Si vous avez déjà rencontré le client, dites-le. Le fait que vous le connaissiez suffit souvent à persuader le gardien de vous laisser entrer.

Des mesures extrêmes

Si vous avez affaire à un gardien très sourcilleux, vous devez prendre des mesures extrêmes. Voici certaines tactiques dont nous ont fait part des vendeurs de l'industrie pharmaceutique pendant la préparation de ce livre.

1. *Organisez une activité éducative.* Faites en sorte de présenter de façon concise et convaincante vos produits, ainsi que les nouvelles lois ou les tendances du marché. Les vendeurs de l'industrie pharmaceutique ont depuis longtemps recours à la formule efficace du déjeuner-conférence.

2. *Obtenez l'adresse électronique du client.* Les réceptionnistes et les adjoints vous la donneront si vous êtes crédible en affirmant que vous avez un message à communiquer au client au sujet de certains produits. Dites au gardien que vous ne voulez pas le déranger et que vous préférez lui envoyer un courriel.

Une fois en possession de cette adresse, préparez une campagne de marketing ciblée et envoyez au client de brefs messages pour lui fournir des renseignements utiles. La dernière chose à faire est évidemment de l'inonder de courriels. Laissez un peu de temps s'écouler entre chacun et allez droit au but dans vos messages.

3. *Analysez les besoins connexes.* Le client se prépare, par exemple, à ouvrir de nouveaux bureaux ? Pouvez-vous demander au comptable ou au conseiller juridique de votre entreprise de passer une heure avec lui pour le renseigner sur certaines questions techniques ? Votre objectif étant d'établir une relation avec ce client, de telles offres peuvent vous distinguer des autres vendeurs.

4. *Utilisez des témoignages.* Si vos clients sont satisfaits de votre produit, indiquez-le dans un court message que vous enverrez par la poste ou par courriel à ce client. Ce genre de témoignage peut parfois suffire à piquer sa curiosité et l'inciter à vous rencontrer.

5. *Publiez des articles dans des revues spécialisées.* Vous augmenterez votre crédibilité en faisant paraître dans des publications sérieuses des articles sur vos produits. Faites ensuite parvenir ces textes avec des fiches de renseignements sur vos produits à des clients ciblés, puis effectuez un suivi par courriel ou par téléphone.

LE BUDGET DE VOTRE CLIENT EST SOUDAINEMENT RÉDUIT

Il y a plusieurs années, Compagnie Marconi Canada avait retenu nos services pour mettre en œuvre un programme très élaboré d'amélioration continue. L'implantation d'un tel processus nécessitait au moins six mois de travail, vu les changements importants que nous apportions au style de gestion et à la structure organisationnelle. Une fois ces changements effectués, nous devions procéder à la formation des quelque 1 500 employés, afin de leur transmettre certaines aptitudes de travail d'équipe et de résolution de problèmes. D'une durée de trois jours, cette formation comprenait des travaux pratiques assez complets.

Lorsque nous avons présenté notre devis pour la formation, le client nous a demandé de réduire de plus du tiers le montant prévu, car l'entreprise était désormais soumise à des restrictions budgétaires.

Comme nous avions déjà passé six mois à développer ce processus avec le client, nous ne voulions pas perdre le projet! Mais nous ne pouvions pas non plus baisser aussi radicalement nos tarifs. Nous avons pris un moment de recul, puis l'idée a surgi : pourquoi ne pas raccourcir le temps de la formation à deux jours plutôt que trois? D'un côté nous ne perdions pas d'argent avec cette formule, et le client, en plus d'épargner 30 % sur le montant proposé initialement, profitait d'une journée de productivité de plus de ses employés.

Dans cette situation, l'effort de créativité a résulté en une vente gagnant-gagnant !

Situation

Vous avez réussi à établir une bonne relation avec un client potentiel et à découvrir ses besoins. Vous avez même obtenu une approbation écrite au sujet de la solution que vous lui avez proposée. Mais ce client affirme maintenant que son budget a été réduit et qu'il n'a plus les moyens d'accepter votre recommandation.

Solution

Les situations de ce genre sont plus souvent la norme que l'exception lorsque la conjoncture économique est précaire. De telles nouvelles peuvent être démoralisantes, surtout si vous avez bien travaillé. Mais cela ne signifie pas pour autant que vous avez perdu un client.

Avant tout, il importe d'aller au cœur du problème. Même si la réduction de budget est réelle, l'acheteur cherche peut-être à vous cacher la véritable raison de son refus. De plus, bien que ce type de décision semble irrévocable, la négociation demeure possible. Servez-vous du processus EPCPA pour approfondir le problème.

- **Écoutez** attentivement ce que dit le client. Le budget a-t-il été réduit pour ce seul projet ou pour l'ensemble du service en question? Cette dernière possibilité laisse davantage de place à la négociation.
- **Partagez** avec le client ce que vous savez de la situation.

- **Clarifiez** le fait qu'il a malgré tout besoin de résoudre le problème identifié à l'étape de la découverte. Celui-ci pourrait s'aggraver si l'achat était reporté, puisqu'il en coûterait alors plus cher pour le résoudre.
- **Proposez** d'autres moyens de conclure la vente. Par exemple, apportez à la solution de départ des modifications qui conviennent davantage aux nouveaux critères financiers du client.

Une question d'argent

Si le client manque de fonds, voici quelques tactiques utiles pendant l'étape « Proposer une solution » du processus EPCPA.

- Élargissez le cercle des agents d'influence. Si vous pouvez intéresser le client, notamment en lui prouvant qu'il économisera des sommes importantes la première et la deuxième année de la mise en œuvre, tentez de rencontrer les bons agents d'influence.

  Munissez-vous de témoignages, d'études de cas ou d'études indépendantes pour appuyer vos dires et trouvez un analyste capable de faire du marchandage politique dans l'entreprise et de voir à ce que l'argent soit bien investi. Alliez-vous à cette personne et vous ferez votre vente.
- Réévaluez les besoins. Si le budget du client est serré, sa stratégie de développement a sans doute aussi changé. Retournez à l'étape de la découverte pour déterminer ce qui pourrait lui être utile. Il n'a peut-être pas besoin d'un important soutien après-vente. Il n'a peut-être pas besoin du produit aujourd'hui, mais dans six mois ou un an. Il a peut-être besoin d'un autre produit ou service de votre entreprise ou d'une de vos filiales.
- Recueillez d'autres renseignements. Le recul de ce client est-il un signe que toute l'industrie réagit à un déclin du marché ? Les compressions peuvent en effet être liées à la situation économique ou à une crise. Votre équipe de vente devra alors faire preuve de créativité pour trouver des solutions.

Amorcer l'action pour conclure la vente

Après avoir retraversé l'étape de la découverte, si vous vous rendez compte que votre produit peut encore être utile au client, adoptez la meilleure attitude de vendeur-conseil possible et demandez-lui de passer sa commande malgré les réductions budgétaires. Gardez néanmoins ce qui suit en tête.

- Faites l'essai d'une nouvelle technique pour conclure la vente. Préparez un bilan ou une analyse des coûts et ayez des chiffres solides pour prouver que l'achat de votre produit peut faire économiser de l'argent au client.

  Vous doublerez vos chances si vous lui fournissez des cas de clients à qui vous avez fait économiser à peu près les mêmes sommes et dans le même laps de temps. Distribuez des copies de ces analyses aux principaux décideurs et aux agents d'influence.

- Offrez des programmes de financement flexibles. De nos jours, même un vice-président n'a pas forcément l'autorité nécessaire pour prendre certaines décisions d'achat, parce qu'une autre personne, à l'autre bout du monde, tient les cordons de la bourse.

  Si tel est le cas, demandez aux décideurs quelles décisions ils peuvent prendre. Proposez-leur différentes possibilités de financement, qu'ils pourront ensuite présenter à leurs supérieurs. Il est possible que les sommes qu'ils ne peuvent utiliser pour le moment soient disponibles plus tard.

- Conservez votre sang-froid. Malgré votre désir de rester dans la partie, le client peut refuser d'acheter. Même si cette situation est frustrante, il ne sert à rien de vous en prendre à vos contacts.

  Si la décision est indépendante de leur volonté, vous ne ferez qu'aggraver les choses. Dites-leur que vous savez que rien n'est jamais sûr en affaires et que vous ne leur en voulez pas.

VOTRE ENTREPRISE POURRAIT ÊTRE RACHETÉE SOUS PEU

Situation

Après plusieurs années de croissance et de profits à la hausse, votre entreprise traverse une période difficile. Selon les analystes, elle est mûre pour être rachetée. Cependant, en tant que vendeur, vous avez des quotas à atteindre et vous vous demandez quoi répondre aux clients qui vous disent : « Il paraît que les choses ne vont pas trop bien pour votre entreprise. »

Solution

Un vendeur peut dissiper les rumeurs et réfuter les critiques non fondées qui visent son produit, mais comment peut-il continuer à vendre quand son entreprise est réellement en difficulté ?

Si des rumeurs ou de mauvaises nouvelles circulent, tentez d'obtenir la version officielle des cadres supérieurs (et espérez qu'ils fassent preuve de franchise). Les cadres supérieurs et les directeurs commerciaux devraient toujours tenir les vendeurs au courant de la situation et préparer des documents que ceux-ci pourraient remettre à leurs meilleurs clients.

Tentez de déterminer ce que veulent savoir les clients curieux. Peut-être cherchent-ils à voir comment vous réagissez à la situation ou veulent-ils que vous les rassuriez ? Dites-leur que vous les tiendrez au courant de tout nouveau développement, par exemple si le prix de vos produits augmente, si leur disponibilité diminue, si les options de soutien à la clientèle changent ou si quoi que ce soit d'autre pouvant avoir un impact sur leurs affaires survient.

Ce qui risque d'arriver à votre entreprise ne les intéresse peut-être pas, tant qu'ils obtiennent le soutien dont ils ont besoin. Voilà encore une bonne occasion de recourir au processus EPCPA.

- **Écoutez** attentivement les demandes de l'acheteur.
- **Partagez** avec lui ce que vous savez de la situation.
- **Clarifiez** avec lui ses véritables inquiétudes.

- **Proposez** une solution en lui expliquant les options qui s'offrent à lui si la situation se dégrade.
- **Agissez** en lui demandant de s'engager à poursuivre ses achats auprès de votre entreprise jusqu'à la fin.

Réponses possibles

Suivant la situation, différentes approches sont envisageables avec un client qui vous demande si votre entreprise sera encore en affaires dans un mois. Voici quelques réponses.

- « Honnêtement, je ne sais pas ce qui va arriver dans les prochains mois, mais je sais que nos produits de base demeurent plus avantageux que ceux de la concurrence. » Voilà la tactique qu'ont adoptée les vendeurs de Silicon Graphics quand des rumeurs ont voulu que l'entreprise ferme en 2001.
- « Nous venons de traverser une période difficile, mais vous avez sans doute aussi entendu dire que des personnes de premier plan sont en train de rétablir la situation. » Voilà ce que les représentants d'Apple ont dit à leurs clients à la fin des années 90, alors que l'action de l'entreprise ne valait plus que 1 $.

  Le conseil d'administration a rappelé le cofondateur Steve Jobs. Tout le monde avait besoin de sa créativité, de son flair en matière de développement et de sa capacité à stimuler les employés.
- « Nous avons connu des hauts et des bas au cours de nos 135 années d'existence, mais nous n'avons jamais laissé tomber un client. Je vous promets de vous tenir au courant de la situation et de faire tout ce qu'il faut pour que vous obteniez le service et le soutien dont vous avez besoin. »

  Voilà la tactique qu'a utilisée le géant du commerce de détail Montgomery Ward avant de fermer ses portes à la fin des années 90. La plupart des clients ont reçu un préavis plus d'un an avant la fin des activités.

LE CLIENT DOIT CONSULTER UN COMITÉ D'ACHAT AVANT DE PRENDRE SA DÉCISION

Situation

La décision d'achat est déléguée à un comité dont les critères d'évaluation et les membres ne sont pas connus. Il vous est donc difficile d'interroger ces derniers pendant les étapes de la découverte et de l'argumentation.

Solution

Dans ce genre de situation, il y a deux possibilités. Soit vous contournez le système avec tact pour établir des liens avec certains membres du comité ou leurs collègues, soit vous soumettez une proposition pour que votre nom reste dans le groupe. (Cette façon de faire ne vous aidera cependant pas beaucoup à vous démarquer des autres soumissionnaires.)

Contourner le système

Pour contourner le système, il faut avoir établi des relations avec les bonnes personnes dans l'entreprise cliente. Commencez par demander à celles-ci quels seront, à leur avis, les critères de sélection. Ces personnes pourraient vous éclairer assez rapidement. Dans le pire des cas, on vous claquera la porte au nez ou on vous dira qu'une « politique interne » n'est pas interne pour rien.

Pour conserver un processus d'achat équitable ou conforme aux exigences liées à la procédure d'appel d'offres, les organisations gouvernementales appliquent souvent de telles politiques pour des achats importants. Mais ce procédé occulte un des éléments essentiels de la décision d'achat : le dossier antérieur du service après-vente du vendeur et de son entreprise.

Dans la mesure où le vendeur, le préposé au service ou l'équipe d'installation seront appelés à résoudre des problèmes de paiement, d'installation ou de soutien technique, ils doivent rapidement régler les problèmes ou mésententes qui peuvent survenir après la vente. Le vendeur doit donc trouver un moyen de faire valoir l'expertise de son équipe.

Vous pouvez contourner le processus d'achat et vous démarquer si vous persuadez les décideurs ou les agents d'influence que vous avez cette expertise. Les agents d'influence, autrement dit les personnes qui, sans avoir officiellement de pouvoir décisionnel, conseillent les dé-cideurs, sont dans ce genre de situation des contacts importants, car ils peuvent vous informer sur les objectifs de la soumission.

Au gouvernement, les administrateurs d'agence, davantage que le responsable des achats, peuvent être des agents d'influence. Ils com-prennent ce dont leur service a besoin et, dans la mesure où ils n'en-freignent pas le code de déontologie et ne vont à l'encontre d'aucune politique en vous parlant, ils savent comment vous pouvez présenter votre proposition pour qu'elle soit remarquée.

Dans les entreprises à but lucratif, les agents d'influence sont sou-vent les chefs de service. En général, ils connaissent les enjeux d'une décision d'achat et, comme ils ne font pas partie des « inaccessibles » comités d'achat, ils sont plus faciles à joindre et peuvent se laisser con-vaincre d'appuyer un fournisseur.

Si vous persuadez ces agents de prendre fait et cause pour un service à la clientèle jour et nuit, par exemple, il se peut qu'ils transmettent l'in-formation au comité et que vous gagniez ainsi la faveur de ce dernier.

Suivre la filière normale

Si vous n'avez pas accès à des agents d'influence ou à d'autres em-ployés de l'entreprise et que le processus d'achat progresse rapide-ment, il ne vous reste qu'à remplir la demande de proposition et à espérer que votre soumission soit la plus intéressante.

Même si vous ne réussissez pas à rencontrer les membres du comité d'achat pour les convaincre de la supériorité de votre produit, votre nom sera reporté au dossier pour le prochain cycle d'achats.

Assurer un suivi

Peu importe votre tactique, n'oubliez jamais d'assurer un suivi auprès des décideurs ou des agents d'influence. Si vous n'obtenez pas le contrat, demandez pour quelles raisons. Demandez aussi comment vous auriez pu faire pour avoir de meilleures chances et en quoi se démarquait le gagnant. Demandez enfin si vous pouvez recommuniquer avec l'organisation au moment du prochain cycle d'achats.

Vous n'aurez pas nécessairement de réponses satisfaisantes — ou de réponses tout court. Mais si vous obtenez certains renseignements, ceux-ci vous seront peut-être utiles lorsque vous vous trouverez dans une situation similaire.

LE CLIENT MET SUR PIED UNE BANQUE DE FOURNISSEURS PRIVILÉGIÉS

Situation

Des clients vous proposent de faire partie de leur banque de fournisseurs privilégiés, mais pour cela vous devez vous plier à leurs exigences et leur fournir vos meilleurs prix sans avoir l'assurance qu'ils vous achèteront quoi que ce soit.

Solution

Cette situation n'est pas aussi désespérante que vous le croyez. La plupart des organisations qui ont une liste de fournisseurs privilégiés ne choisissent qu'un petit nombre d'entreprises par type d'industrie.

Une fois que vous vous êtes plié aux exigences, vous êtes en bonne position. Vous améliorez vos chances d'être inclus dans la liste finale des fournisseurs et de faire partie des entreprises avec qui certains employés sont autorisés à communiquer pour faire directement leurs achats.

Les grandes entreprises ont de plus en plus souvent de telles listes. Elles répartissent les fournisseurs en catégories de produits, ce qui simplifie le processus d'achat interne et assure une certaine cohérence.

Par ailleurs, les acheteurs peuvent profiter de ristournes lorsqu'un produit est acheté à des endroits différents ou par différents services de l'entreprise.

Et puis, à la différence des soumissions « sans droit de regard » que demandent certains comités, ce processus permet aux vendeurs de nouer des liens avec les décideurs. Beaucoup de fournisseurs privilégiés sont choisis en fonction de leurs prix abordables, mais aussi d'une combinaison de facteurs : qualité, fiabilité, délais de livraison, assistance technique, similarités dans les politiques d'entreprise, etc.

Des questions courantes

Voici certaines des questions les plus courantes que posent les acheteurs pour savoir si une entreprise peut devenir un fournisseur privilégié, etc.

- Quelles sont vos modalités de paiement ?
- Quels types de ristournes offrez-vous ?
- Ces ristournes peuvent-elles être accumulées pour différents produits ?
- Quelles options offrez-vous pour la livraison, l'assistance technique et la résolution de problèmes ?
- Quelles sont les spécifications de chacun de vos produits ?
- Depuis combien de temps faites-vous affaire avec nous ou avec des entreprises de notre industrie ?
- À quelles autres entreprises fournissez-vous des produits ou des services, et depuis combien de temps ?

Ces questions ne sont pas indiscrètes. Vous y avez sans doute répondu pendant l'une des quatre étapes du processus de la vente-conseil. Elles vous permettent, en vous assurant que vos réponses sont à jour, de préparer plus rapidement vos propositions pour devenir un fournisseur privilégié.

LE PRÉSIDENT DE L'ENTREPRISE CLIENTE ACCORDE LE CONTRAT À UN AMI

Situation

Bien que vous fassiez affaire avec une entreprise depuis plusieurs années, son président a accordé des contrats qui auraient dû vous revenir à un de ses amis, qui est un de vos compétiteurs. Les décideurs de l'entreprise, qui vous appuient, affirment qu'ils ont les mains liées.

Solution

Même si cela est difficile, il faut ici considérer les choses à long terme. Si cet ami du président offre une bonne performance, il risque d'avoir le contrat pour au moins un an. Mais dites-vous que ce président ne demeurera pas en poste éternellement et que, si son ami ne donne pas entière satisfaction, le conseil d'administration finira par l'apprendre. Voici à cet égard quelques tactiques utiles.

- Cherchez des moyens de faire reconnaître vos produits et vos services. En vous distinguant, vous montrerez peut-être que votre entreprise a des atouts que celle de l'ami du président n'a pas.

  Disons que vous vendez du matériel industriel et que c'est l'ami du président qui a obtenu le compte de plusieurs millions de dollars de l'entreprise cliente. Vous êtes embêté. Cependant, à la différence de l'entreprise de votre rival, la vôtre vend aussi des solvants de dégraissage pour nettoyer les pièces. Insistez sur ce point. Vous obtiendrez peut-être un important contrat, et il est possible que les décideurs gardent en mémoire le nom de votre société.

- Conservez des liens en tant que vendeur-conseil. Si le président est viré dans six mois, vous pourriez être la première personne à qui on demandera de soumissionner contre l'ami en question ou de le remplacer.

  Par ailleurs, si l'idée d'accorder le contrat à cet ami de la direction est abandonnée, l'entreprise pourrait décider de suivre un processus d'achat officiel. Si le président en fait partie, ne l'excluez pas des premières étapes. Vous aurez peut-être affaire à lui à l'avenir et il serait bon qu'il se rappelle votre professionnalisme et votre flair en matière de vente.

- Informez le président des options qui lui sont offertes. Envoyez-lui des articles ou des études pouvant l'aider à envisager la situation sous un angle différent. Évitez, bien sûr, toute mesquinerie à l'endroit de son ami.

  S'il s'entête à acheter de cet ami de gros ordinateurs, par exemple, alors que le reste de l'industrie opte pour des services logiciels, un article traitant de cette tendance, ainsi que de ses avantages par rapport aux autres options, pourrait lui ouvrir les yeux. Ainsi, des données ou des renseignements objectifs feraient la vente pour vous.

- Ne critiquez jamais vos concurrents. Si le président apprend que vous critiquez son ami, vous n'aurez sans doute plus aucune chance de signer un contrat avec cette entreprise.

- De temps en temps, rappelez poliment que vous existez. La décision du président déçoit sans doute autant vos contacts que vous. Ne la critiquez pas. Continuez plutôt d'être un conseiller loyal. Rappelez à vos contacts que vous demeurez disponible pour les aider ou les conseiller, voire pour répondre à des questions concernant leur nouveau fournisseur.

  N'oubliez pas que vous devez rester en bons termes avec cette entreprise pour être remis sur la liste des fournisseurs potentiels si l'ami ne faisait pas l'affaire ou si le président quittait son poste. Vos contacts peuvent aussi partir travailler ailleurs et vouloir continuer à faire des affaires avec vous.

VOUS VENDEZ À UNE INDUSTRIE SUR LE DÉCLIN
Situation
Vous vendez des immobilisations en matériel à une industrie qui décline. Des experts affirment que certains de vos principaux clients auront disparu d'ici 5 à 10 ans et que le fonctionnement des entreprises qui resteront aura beaucoup changé.

171

Solution

Voilà un scénario courant dans le monde des affaires. Les entreprises et les industries d'aujourd'hui peuvent disparaître demain à la suite de crises financières, de percées technologiques, de fusions ou d'événements politiques.

Prenez le temps de vous féliciter si vous aviez prévu la chose. Cela signifie que votre travail de découverte avait été bien fait. Vous vous êtes appliqué à étudier le marché et à en déterminer les défis.

Votre entreprise est-elle prête ?

Il est bon que vous évaluiez périodiquement la coïncidence entre vos aspirations professionnelles et l'orientation stratégique de votre entreprise. Avant d'entrer dans le bureau d'un client potentiel, vous devriez avoir les réponses aux questions suivantes.

- Mon entreprise développe-t-elle de nouveaux produits pour répondre aux besoins changeants des clients ou se contente-t-elle du *statu quo* ?
- Mon entreprise a-t-elle pris en compte le déclin qui surviendra à long terme dans les ventes de telle industrie en élaborant de nouveaux produits ou de nouvelles stratégies ?
- Sommes-nous prêts à tout pour rester chef de file dans cette industrie ?
- Sommes-nous considérés comme des consultants par l'industrie ?

Si vos réponses ne sont pas toutes affirmatives et que votre principal client connaît un rapide déclin, vous ne continuerez pas longtemps à vendre.

Innover

Même si votre entreprise est prête à un fléchissement des ventes, vous aurez beaucoup plus de mal à faire votre travail en période de crise. Bon nombre de vos clients effectueront des réductions budgétaires pour améliorer leurs immobilisations, et certains fermeront boutique.

Toutefois, si les directeurs commerciaux de votre entreprise sont créatifs et polyvalents durant les périodes difficiles, les choses pourraient ne pas trop mal se passer. Pensez aux approches suivantes.

1. *Cherchez des façons de vendre vos produits à d'autres industries.* Vous ou vos collègues avez vendu un produit à un client qui en a fait un usage original? Cela a pu sembler étrange alors, mais pourrait maintenant vous permettre de trouver de nouveaux débouchés.

2. *Soyez créatif.* À quels besoins de base vos biens d'investissement répondent-ils? Pourraient-ils être utiles à d'autres industries? Vos appareils peuvent-ils être légèrement modifiés pour convenir à d'autres secteurs?

3. *Cherchez de nouvelles façons d'aider vos clients actuels.* Existe-t-il d'autres moyens de servir ceux qui ne peuvent se permettre de moderniser leurs installations? Pouvez-vous, par exemple, lancer une nouvelle gamme de produits ou offrir des services d'entreposage ou de livraison «juste-à-temps»?

4. *Faites tomber les oppositions.* Dans les années 70, alors que l'industrie forestière américaine vivait une période sombre, d'importants fournisseurs ont réalisé qu'une des causes de son déclin était la perception des consommateurs. Ceux-ci estimaient qu'elle détruisait la nature.

   Ces fournisseurs sont donc devenus membres des associations de l'industrie pour renseigner le public sur les avantages des produits du bois et pour montrer que la coupe sélective avait des effets positifs. Ces efforts ont contribué à un changement graduel et solide de perception qui a été favorable à l'industrie forestière.

5. *Louez vos services d'expert à des clients en difficulté.* Votre objectif est de survivre avec vos clients durant cette période. Si ces derniers font faillite, vous en souffrirez aussi. En effectuant votre travail de découverte, vous avez sans doute relevé certaines améliorations possibles qui n'étaient pas directement liées à la vente que vous comptiez faire.

Même si votre entreprise ne peut offrir d'assistance, donnez à vos clients le nom de ressources qui sauront les aider. Au besoin, prêtez-leur pour de courtes périodes vos experts dans des domaines comme le financement, l'exploitation et le marketing, de façon à les aider à survivre.

VOUS VENDEZ POUR LA PREMIÈRE FOIS À DES CLIENTS D'UNE AUTRE CULTURE

Situation

Votre entreprise vient d'ouvrir des bureaux en Allemagne, au Mexique et à Singapour, et on vous envoie travailler dans l'un d'eux. Pour la première fois de votre vie, vous devez vendre à des gens dont les traditions et les habitudes d'achat diffèrent des vôtres.

Solution

Les anecdotes sur la vente à l'étranger sont nombreuses. Il y a par exemple l'histoire du représentant à qui on demande, au Caire, de s'en aller parce qu'il a montré la semelle de sa chaussure à un homme d'affaires arabe pendant une rencontre.

Il y a celle du vendeur trop strict qui, envoyé à Mexico, néglige de nouer les relations nécessaires avant de passer aux choses sérieuses. Et il y a celle de la vendeuse qui se retrouve au Japon et qui prend un « oui », beaucoup utilisé dans la culture nippone, pour une conclusion de marché alors que le client ne voulait dire que « Oui, je comprends ».

Pour réussir dans les marchés internationaux, il faut connaître la culture et la langue des pays où l'on veut faire des affaires. Pour cela, il est bon de lire et de participer à des séminaires sur ces contrées. Et, bien sûr, il faut connaître les coutumes et les traditions de la région où l'on se rend.

Il est par ailleurs encourageant de constater que, plus les marchés s'ouvrent, plus les gens sont cultivés et tolérants à l'égard de ceux qui débarquent chez eux pour la première fois. Voici quand même quelques conseils qui aideront le néophyte à atterrir en douceur sur ces marchés.

1. *Trouvez un guide local.* Un vendeur natif du pays où vous allez vendre vos produits peut vous donner de judicieux conseils. Il est bon que ce guide travaille pour votre entreprise, mais ce n'est pas essentiel. Demandez-lui de vous instruire sur les normes culturelles de son marché.

2. *Renseignez-vous.* Si vous visez un pays qui, par exemple, ne permet pas aux femmes de conclure une vente, vous pouvez y envoyer votre meilleure vendeuse, mais en l'avertissant de ne pas s'offusquer si le client pose ses questions au vendeur débutant qui l'accompagnera.

   Il est important de connaître ce genre de coutumes pour éviter les conflits. Il ne faut pas non plus oublier que, même si les entreprises d'une région donnée partagent la même culture sociale, chacune a sa propre culture d'entreprise. Le vendeur fera donc preuve de tact à chaque étape du processus de vente.

3. *Déterminez à l'avance comment vous réagirez à certaines questions.* Si les pots-de-vin sont acceptés dans le pays où vous allez faire des affaires, vous devez savoir à l'avance comment vous gérerez la chose. Votre entreprise considérera-t-elle qu'il s'agit d'un moindre mal pour vendre dans ce pays ou les interdira-t-elle en rappelant ses principes? Si elle n'accepte pas de donner des pots-de-vin, peut-elle offrir certains privilèges légaux, comme des séances de formation, du soutien technique, des rencontres sociales?

4. *Cherchez les points communs.* Il est bon de nouer des relations personnelles. En cherchant les points que vous avez en commun avec vos clients, vous réussirez à les mettre en confiance et à surmonter les petites différences culturelles.

   Renseignez-vous sur les coutumes locales et abordez des sujets acceptables et non professionnels avant de vous lancer dans une discussion d'affaires. Mais sachez aussi que dans certains pays les gens n'aiment pas ce genre de bavardage préliminaire.

5. *Rappelez-vous que la plupart des erreurs ne sont pas fatales.* Bon nombre de vos clients potentiels ont déjà été dans votre situation et

comprennent la nervosité que ressentent les vendeurs qui arrivent dans un nouveau marché. Ils vous pardonneront aisément une petite erreur si vous leur présentez des excuses et faites preuve de modestie.

6. *Ne soyez jamais arrogant.* Même si vous ne comprenez pas la culture d'une entreprise, vous devez vous adapter à la situation. Soyez respectueux et modeste. Si le client potentiel a l'impression que vous tentez de lui imposer vos normes culturelles, il mettra vite fin à vos espoirs de vente. Si vous ne savez comment procéder, renseignez-vous.

Ressources

POUR EN SAVOIR DAVANTAGE SUR LA VENTE-CONSEIL

Wilson Learning a commencé à offrir le Sales Sonics, le premier programme de vente-conseil, en 1965. Depuis, ce programme a fait l'objet de nombreuses révisions et adaptations. Plus d'un million de participants de partout dans le monde se sont familiarisés avec l'enseignement contenu dans ce livre, que ce soit par l'entremise de cours offerts dans des classes ou dans Internet.

Des organisations de toutes les tailles et de tous les secteurs, à but lucratif comme non lucratif, se servent de ce programme, qui a été traduit dans 19 langues ou dialectes et qui est offert dans des versions adaptées localement. On trouve aussi des versions personnalisées pour les vendeurs et les directeurs commerciaux des domaines suivants : industrie pharmaceutique, soins de la santé, commerce de détail, voyages et loisirs, automobile, haute technologie, technologies de l'information, secteurs manufacturier et financier, assurances, biens d'immobilisation, etc.

Pour en savoir plus sur les programmes de vente-conseil et les bureaux de Wilson Learning, visitez le site www.wilsonlearning.com, ou encore, pour l'agent francophone, www.sagconsult.com.

Voici ce que des participants ont dit du programme de vente-conseil. Leur nom n'est pas mentionné par respect de leur vie privée. Seul figure leur champ d'activité.

> *« Ce cours est étonnant. Je vais pouvoir le mettre en application dans tous les aspects de mon travail. »*
>
> **Industrie de la santé**

« Le programme de vente-conseil est sans doute le meilleur auquel j'ai eu droit depuis 15 ans que je travaille ici. Il m'a aidé à me sentir en contact avec mon secteur et à mieux le comprendre. Je sais maintenant à quel point mon travail compte et quelle est l'importance du marketing intégré. Nous avons d'ailleurs une équipe de marketing très compétente et nous travaillons aujourd'hui plus efficacement grâce au langage commun que nous avons développé. Nous avons eu aussi la chance de trouver des solutions à nos préoccupations prioritaires. »

Industrie des télécommunications

« Il est fantastique que la direction nous ait fait suivre ce programme. Merci de nous avoir donné la chance de profiter de cette expérience d'apprentissage ! »

Soins de la santé

« Ce cours est formidable. Je me suis déjà servi de quelques techniques avec mes clients et des directeurs commerciaux… et avec succès ! Merci encore ! »

Industrie des transports

« J'ai beaucoup apprécié tout ce que j'ai appris. J'ai aimé analyser comment je m'y prenais pour faire certaines choses et j'ai redécouvert qui je suis comme vendeur. Je sais en outre comment utiliser les concepts de la vente-conseil pour que mes clients et moi en tirions profit. »

Industrie de l'alimentation

Collaborateurs

LES AUTEURS

Anthony DiCaprio, Ph. D., a dirigé pendant 12 ans des entreprises de communication avant de devenir conseiller en management. Pilotant des projets d'envergure en Amérique du Nord, en Asie du Sud-Est, en Europe, en Afrique et au Moyen-Orient, il fournit une expertise particulière en matière de vente, de gestion des ventes, de leadership, d'efficacité globale et culturelle, et de gestion de l'amélioration continue. Il est l'auteur de plusieurs articles et d'un ouvrage sur des sujets tels que la vente et le service à la clientèle, la négociation et le développement du leadership en qualité. M. DiCaprio est fondateur du Groupe Action Stratégique, cabinet-conseil en gestion qui permet aux entreprises d'améliorer leur compétitivité dans leurs marchés et aux gestionnaires de simplifier leur travail. Agent officiel de Wilson Learning depuis 1988, il a joué un rôle clé dans l'adaptation française de cet ouvrage.

Tom Kramlinger, Ph. D., est consultant en chef de la conception des programmes chez Wilson Learning, où il travaille depuis 28 ans. Il a conçu des programmes de vente et de gestion des ventes, ainsi que des applications pour des clients dans les industries suivantes : biens d'investissement, finance, automobile, transport, produits chimiques, technologies de l'information, assurances et télécommunication. Il a enseigné le programme pilote de la vente-conseil au Japon et a travaillé à l'adapter à la culture japonaise. Il s'occupe aujourd'hui de créer et de communiquer des solutions de pointe aux entreprises du Fortune 500 qui utilisent les techniques de Wilson Learning.

Michael Leimbach, Ph. D., est vice-président du programme mondial de R et D chez Wilson Learning. Avec son équipe, il a créé des systèmes novateurs d'amélioration de la performance qui ont fait de Wilson Learning un chef de file dans ce domaine. Depuis plus de 20 ans, il aide les représentants commerciaux de diverses organisations à augmenter leur efficacité. Il a participé à la mise à jour et à l'amélioration de tous les programmes d'efficacité (secteur des ventes) de Wilson Learning et a conçu l'outil diagnostic de l'efficacité des ventes de Wilson Learning. Il a publié de nombreux articles et donné des conférences devant nombre de clients et d'organisations partout dans le monde.

Ed Tittel, Ph. D., gère le portefeuille des services de vente et d'après-vente de Wilson Learning — Amérique. Il compte plus de 20 ans d'expérience dans le domaine de la performance des ressources humaines et a participé, avec d'autres auteurs, à l'élaboration de plusieurs offres personnalisées. Ses fonctions l'ont amené à consulter les membres d'organisations du Fortune 100 aux États-Unis, en Europe et en Asie. Avant de travailler chez Wilson Learning, il a été le responsable du développement et des travaux au National Diffusion Network du US Department of Education.

David Yesford est le vice-président de la commercialisation des produits chez Wilson Learning Worldwide. Pendant 17 années, il a aidé les entreprises à assimiler les stratégies de la vente-conseil. Il a participé à la création, à la mise à jour et à la personnalisation des systèmes d'efficacité (secteur des ventes). Plus récemment, il a dirigé l'équipe de Wilson Learning dans des travaux de lancement des capacités de diagnostic de l'efficacité. Il cherche toujours à ce que l'amélioration de la performance d'un employé se fasse en fonction de ses valeurs et des besoins de l'organisation.

L'ÉQUIPE DES PROJETS

Maggie Kaeter, rédactrice d'ouvrages d'affaires, possède une vaste expérience dans le domaine des ventes, en particulier de la formation. **Dave Zielinski** est rédacteur d'ouvrages d'affaires, réviseur et chef de projet. Il compte de nombreuses années d'expérience dans le domaine des ventes.

Karien Sticker est une graphiste spécialisée dans la conception de pages Web pédagogiques. **Ruth Sleurs** est une graphiste qui s'intéresse au dessin commercial et au graphisme des pages couvertures. **Andrew Karre** est un réviseur technique spécialisé dans le matériel didactique pour adultes.

Les auteurs de Wilson Learning et le personnel de Nova Vista Publishing tiennent à remercier les personnes qui ont aidé à la préparation de ce livre et à saluer leur enthousiasme, leur dévouement et leur esprit d'initiative.